SCORPIO

Wolf Reiser

Die ganze Wahrheit über Stuttgart 21

Und wie es
mit uns allen
weitergeht

SCORPIO

Umschlaggestaltung: David Hauptmann,
Hauptmann & Kompanie Werbeagentur, Zürich
Druck und Bindung: CPI – Clausen & Bosse, Leck
ISBN 978-3-942166-26-3

www.scorpio-verlag.de

Für Katrin

Inhalt

Ein einsames und verlorenes Lamm, auf Schienen stehend. Nebel. Nichts sonst. Ein Symbol? Was das kleine schwäbische Alblamm da vorne auf dem Umschlag verloren hat? Es hat sich in dunkler Nacht auf das falsche Gleis begeben. Und jetzt steht es halt nun mal da. Und wirkt etwas ratlos. Einsam auch. Der Herde entlaufen. Ein Steppenwolf ist das nicht. Und es schaut nach vorne. Und spitzt die Ohren. Denn es liegt etwas in der Luft. Das Rettende naht, doch meistens kommt das Unheil von hinten, und man hört ja schon das schrille Pfeifen der Lok und sieht die heranrasenden Lichter.

Es ist eine kleine Geschichte zu erzählen über das Schienennetz der schwäbischen Seele, über die Unschuld der Romantik und so manches Opfer auf dem Schotter …

Summer of love, reloaded

Stuttgart im Juli 2010; tropische 42 Grad werden unten im Talkessel gemessen, Zehntausende Menschen ziehen, Arm in Arm, durch die Straßen des Zentrums, Jung und Alt, Männer und Frauen, Reich und Arm, Dick und Dünn, Gärtner und Taxifahrer, Priester und Trickdiebe, Gutmenschen und Wutbürger, Redakteure und Leser, Gut und Böse, Christdemokraten und Rasta-Anarchos. Eine ganze Stadt, ein ganzes Bundesland strömt zu diesen Montagsdemos, um »Nein« zu sagen, »Stopp!«, »Obenbleiben!« – getragen und getrieben von rebellischer Glut und Wut. Überall Trillerpfeifen, Luftballons, kühn gereckte Fäuste und mittelmäßig originelle »Wir sind das Volk«-Choräle. Durchreisende mochten glauben, es handle sich um Roland Emmerichs Dreharbeiten zu einem opulenten Revolutionsepos über die Französische Revolution.

Doch das hier ist keine cineastische Massenszene, sondern reale Realität, und das restliche Deutschland reibt sich monatelang die Augen beim Blick auf die unerhörten Vorgänge im Südwesten der Republik.

Fast auf den Tag genau vor 220 Jahren beendeten die Bürger von Paris ihre Adelsherrschaft. Und genauso lange bewundern speziell die Schwaben, klammheimlich, den linksrheinischen Nachbarn für seine damalige Courage und für seine immer wieder aufflammende Bereitschaft, zu streiken, zu demonstrieren, zu randalieren. Und nun ist es endlich an den Schwaben, eine vergleichbare Geschichte des Widerstands zu schreiben. Die Bastille am Neckar heißt Bonatz-Bahnhof. Und im Visier des Aufstands sind die windigen Nachfolgefiguren der früheren Erbregenten: Lobbyisten, Oberbürgermeister, Minister, Baulöwen, Industrielle, Bundesbahnmanager, all jene eben, die man hier gern zum »schwarzen Filz« zählt oder der »Spätzle-Connection« zurechnet. Viele der les- und hörbaren Forderungen erinnern an jene des jakobinischen Hochsommers: Bürgerrechte, Mitbestimmung, Transparenz, Basisdemokratie, Freiheit, Gleichheit, Brüderlichkeit.

Sirenen heulen, Funkgeräte kreischen und piepsen, martialisch vermummte Polizeimannschaften gehorchen einer einstudierten Choreografie, und auch viele der Demonstranten erweisen sich mittlerweile taktisch auf Zack. Die von weither angereisten Kameraleute und Pressefotografen steuern mit sicherem Instinkt neue Eskalationsherde an, Demo-Voyeure und erregte Passanten bemühen sich um Standpunkte, die sowohl Logenplatz wie Fluchtweg bieten. Die ARD- und ZDF-Reporter stehen mitten in diesem Tollhaus und wirken mit ihren Corporate-Identity-Krawatten so deplatziert wie die Fischerchöre in Woodstock. Durchsagen, Warnungen, Megafonsalven ertönen, es riecht nach Rabatz. Die Szenerie erinnert an die großen Anti-Vietnam-Demos in Kreuzberg und Schwabing, an Dutschke, Fritz Teufel und die Märsche Richtung Springer-Hochhaus. Aus den mitfahrenden Kleinbussen routiniert erscheinender Oppositioneller dröhnen »Streetfighting-Man« und »Times are a-changing«. In der Tat befinden sich unter den Streetfightern viele Damen und Herren weit über dem 70. Lenz, doch man sieht es ihnen an, dass sie 1967 nicht dabei waren, als Benno Ohnesorg seine Schah-Aversionen mit dem Leben bezahlte. Nicht frei von Sorgenfalten, wird Ministerpräsident Mappus, der in einer verunglückten Kampfansage dem rebellischen Mob ein paar Tage zuvor den Fehdehandschuh hingeworfen hatte, zur Kenntnis nehmen, dass diese Protestzüge eine außerparlamentarische Schnittmenge darstellen, die tief in seine CDU-Stammklientel hineinreicht. Mehr als 60 Prozent der Stuttgarter erklären sich in jenen Tagen bereit, mit vollem Einsatz gegen S21 anzugehen. Im Hintergrund ist Dylans junge, nölige Stimme zu hören: »Kommt, Senatoren, Kongressabgeordnete, und stellt euch nicht stur. Steht nicht an der Tür herum und verstopft nicht den Flur. Denn wer Zeit schinden will, wird sehr darunter leiden. Draußen wird gekämpft, und der Kampf geht weiter … und kritisiert nicht, was euch über den Verstand geht … mit eurem alten Weg könnt ihr nur scheitern. Also versperrt nicht den neuen, wenn ihr nicht mit anpacken könnt, denn es kommen andere Zeiten … der Erste von heute wird einmal der Letzte sein, denn es kommen andere Zeiten.«

In jenen Stuttgarter Sommertagen der Anarchie 2010 wird etwas erreicht, wofür die Achtundsechziger jahrzehntelang vergeblich kämpften – die Solidarität aller Schichten, der Schulterschluss zwischen Akademikern, Bürgertum, Bauern und Arbeiterschaft. Ein alter Mann, vom Typ her Ex-Daimler-

Vorstand, spricht mit bebendem Kirchenschwäbisch und in bester Hydepark-Corner-Manier auf ein Punker-Girlie ein und zitiert Abraham Lincoln: »Man kann alle Menschen für einige Zeit belügen. Einige Menschen kann man auch für alle Zeit belügen. Aber man kann nicht alle Menschen für alle Zeit belügen.« Das sitzt, und das bunte Mädchen küsst den grauen Genossen, so wie man es bei orthodoxen Popen macht, auf seinen Handrücken, worauf er ein paar Tränen verdrückt. Dann werden sie vom Strom der nachfolgenden Menschen geschluckt.

Der Protest in Stuttgart scheint keinen Tag an Elan zu verlieren. Im Gegenteil, er wird mit Fantasie und Penetranz, Charme und schwäbischer Disziplin befeuert und forciert. Der Schauspieler Walter Sittler kümmert sich um die pünktliche Einhaltung des Katzenmusik-Schwabenstreichs. Täglich um 19 Uhr greifen die Stuttgarter eine Minute lang zu Trillerpfeife, Kuhglocke und Vuvuzela, egal, wo sie sich aufhalten. Sie schreien, pfeifen oder jubilieren und zeigen, was sie von globalem Größenwahn halten. Bei so viel Woodstock-Happening und »good vibrations« und europaweiter Solidarität staunen die selbsternannten Visionäre »da oben« nur noch Bauklötzchen. Im Schlossgarten findet ein regelrechter

Revolutionstourismus statt mit Führungen und Freiluftpredigten. Es werden Zeltstädte errichtet, Baumhäuser mit Dosentelefon und immer neue Plakate angebracht wie: »Lieber der Nabel Schwabens als der neue Scherz Europas«.

Bei jeder neuen Montagsdemo tauchen pfiffige Aufkleber auf, Buttons im Retro-Anti-AKW-Stil, und es kursieren witzige, kreative Flugschriften. Als häufiger Treffpunkt dient das Denkmal vom Eberhard im Barte, dem ersten Herzog Württembergs. Er gilt den S21-Gegnern als guter Fürst, und das Denkmal zeigt sein müdes Haupt im Schoße eines Untertans ruhend; ein seltenes Beispiel in der Schwabenhistorie für das gegenseitige Vertrauen von Oben und Unten.

Ende August kommen die ersten Bagger und kümmern sich darum, den Nordflügel abzureißen. Das ist Öl ins Feuer, die Wut wächst, und eine Eskalation wirkt so gewollt wie unvermeidbar. Die Fronten sind klar. Wir ziehen unser Ding durch, da könnt ihr machen, was ihr wollt, meinen Mappus & Friends, und die Bürger antworten: Dieses Ding wird nicht gebaut, da könnt ihr machen, was ihr wollt. Arroganter Basta-Stil auf beiden Seiten, das kann auf Dauer nicht gutgehen. Hinter der Fassade offenbart sich ein tiefer Riss in der Schwabenseele mit einer langen und unheilvollen Geschichte.

Schaut man sich diesen Konflikt mit etwas Distanz an, wird es mit jedem Tag klarer, dass es sich hier – bei aller gegebenen Anspannung und dem endlosen Wiederholen der jeweiligen Faktenlage – um ein Stellvertreterphänomen handelt. S21 – das steht nicht mehr für einen Bahnhofsumbau, sondern für eine endlos aufgestaute Wut, die ein Ventil gefunden hatte. Die wahren Abgründe und Dimensionen lassen sich nur erahnen, und ich möchte im Folgenden versuchen, diesen Spuren so gut dies möglich ist, nachzugehen.

Fürs Erste aber schlägt die Stunde der Fachidioten und wachsbleichen Experten, die aus ihren neonbeleuchteten Forschungskellern herauskriechen und dem unwissenden Gesindel mal das Kraut ausschütten, all die Erkenntnisse und Berechnungen. Und diese landen wie Wurstfetzen in einer schwäbischen Metzelsuppe: Neigungswinkel, Tunnelvolumen, Emissionssaldo, integrale Taktfahrpläne, Engpassanalysen, optimierte GfD/A-Kupplungsbilanzen, energetische Belüftungsvollknoten, ETCS-Tarifdoppeldeckungtrassenformeln. Das muss doch die letzten Zweifler vom Hocker reißen. Stattdessen wachsen die Zweifel und Zweifler, und ein Großteil der Schwaben hat einfach keine Lust mehr auf diese Metzelsuppe.

Der Appetit will sich auch nicht einstellen, als dann auch noch die Kanzlerin in bester Schröder-Macho-Manier auf das Rednerpult haut und das politische Überleben von Schwarz-Gelb vom Gelingen dieses provinziellen Central-Station-Coups abhängig macht. Im Gegenteil – nun kommt immer mehr Fahrt in das Ganze. Der Kabarettist Georg Schramm meint bei der 50. Montagsdemo am 25. Oktober 2010: »Was hier geschieht, geht über einen Bahnhof weit hinaus … irgendwann wird es vielleicht in den Büchern stehen, dass hier in Stuttgart der Wendepunkt eines demokratischen Missverständnisses begonnen hat.« Politische Possenreißer und Power-Pathos – das will nicht immer zwingend zusammenpassen. Dennoch trifft es dieses Mal den Nagel auf den Kopf.

Damit eine unterirdisch herumblubbernde Stimmung ein konkretes Aussehen bekommt, braucht es etwas Griffiges, ein stehendes Bild oder einen simplen Slogan. So wie es Italien vielleicht gelingt, mit dem Begriff »Bunga-Bunga« diese unerträgliche Operettenregierung endlich in die Wüste zu schicken, so verpasst die Regierung Mappus das Ländle mit dem »schwarzen Donnerstag« ein zündendes Symbolbild. Bei der Demonstration vom 30. September 2010 marschieren auch erstmals viele Schüler mit und melden sich ganz brav zu Wort mit Parolen wie »Bildung statt Prestigebahnhof!«. Weil Politik nicht erpressbar sein darf, werden die Wasserwerfer auf maximale Atü-Einheiten programmiert, und die Kids erhalten eine unvergessliche Lektion in Staatsbürgerkunde. Am Ende des Tages machte dann das Bild jenes Mannes die Runde, der sich schützend vor die Kinder stellte und im Wasserwerferstrahl sein Augenlicht verlor. Noch Tage danach befindet sich Stuttgart in Schockstarre. Das alles ist kein Spaß mehr, keine Märklin-Versuchsanordnung, und bei manchen kehren die Erinnerungen an den Deutschen Herbst zurück. Nur geht es hier nicht um eine bewaffnete Guerilla, die dem Staat den Krieg erklärt, sondern um empörte und betroffene Bürger aus Stuttgarts hübschen Halbhöhenlagen, die zum ersten Mal im Leben eine Sitzblockade ausprobieren. Und viele von ihnen geben vor dem rasch einberufenen Untersuchungsausschuss an, sich wie im Krieg gefühlt zu haben, und zeigen sich fassungslos angesichts einer wild herumprügelnden Polizei. Ihnen entgegnet der Polizeihauptkommissar Markus Resch bei seiner Anhörung: »Keineswegs aber stand das bürgerliche Lager nur da. Es wurde physischer Druck gemacht und versucht zu verhindern, dass die Polizei den Platz freimachen kann.« Ein Kollege von ihm entschuldigt gegenüber der lokalen Presse die eventuelle Unverhältnismäßigkeit damit, dass viele der ortsfremden Polizeikräfte mit den ständigen Einsätzen im deutschen Profifußball überfordert seien. Dies bedeutet nun nichts anderes, als dass die alltäglichen Hooligan-Schlachten mit ihren jährlich 100 Millionen Euro Kosten als selbstverständliche, von der Natur vorgegebene Tatsachen anzusehen sind. Dagegen muss es sich wie eine Degradierung für einen echten Cop anfühlen, sich in Stuttgart mit wild gewordenen Freizeitkrakeelern und kommunistisch unterwanderten Frührentern herumzuprügeln. So ähnlich hörte sich das alles auch am Ende der Weimarer Republik an. Rückendeckung erhält eine solche Polizeiphilosophie in jenen Tagen von der Landesregierung und deren Gerede von wohlstandsverwöhnten Berufsdemonstranten, Fehdehandschuhen und dem unbeugsamen Willen, entschlossen ins Gefecht zu ziehen. Und auch der eher um Zurückhaltung bemühte Düsseldorfer S21-Architekt Christoph Ingenhoven zeigt sich in jenen Tagen verärgert angesichts dieser Ewiggestrigen und rückwärtsorientierten Nostalgiker, diesem »Teil einer älter werdenden Gesellschaft, die erhalten, nicht verändern will«.

Aber was genau macht aus diesen bieder-berechenbaren Schwaben nun ein Volk aus Wutbürgern, das am Ende sogar die »New York Times« dazu bewegt, eine Doppelseite über diese Maultaschen-Asterixiade zu drucken? Wussten die denn nicht, dass Großprojekte zwischen Palermo und Moskau immer schon Sache von Insidern und Kartellmitgliedern waren und damit uneinsehbare, interne Vorgänge, die eigentlich niemanden etwas angehen?

Kurz bevor es im Oktober zur großen Eskalation kommen sollte, einigten sich die Wutbürger beider Lager auf eine öffentliche Schlichtung, die Heiner Geißler mit jener gerade noch verzeihbaren Eitelkeit inszenieren sollte, die einem 80-jährigen Polterfeingeist zustehen mag. Das Ganze wurde zwar nicht so spannend wie die Nürnberger Prozesse, hatte aber durchaus seine speziellen Reize. Schade war nur, dass dieser »runde Tisch« nicht ergebnisoffen arbeiten durfte, sondern unter den diskussionsbefreiten Vorgaben der Parteifreunde litt. Hätte sich etwas

Vergleichbares zum Beispiel in Moskau ereignet, wäre es von unseren Politkommentatoren süffisant mit einem typischen Schauprozess von Putins Gnaden verglichen worden. Aber es fand nun mal in Stuttgart statt, und Geißler zuliebe zogen sich all die Abrissfirmen und Bäumefäller zurück, und in den neun Meetings, live bei Phoenix und im Internet, kamen dann die meisten Betroffenen dazu, ihren Standpunkt zu vertreten, die Macht und die Ohnmacht, die Hausherren und die Zaungäste, die Kopfbahnhoflaien und die Tiefbahnhofprofis. In den Fluren versammelte sich die Elite der deutschen Kommunikationswissenschaft und gab ihre Eindrücke weiter an die überall herumstehenden Mikrofone und Kameras. Die Uni Hohenheim verkündete sogleich: 85 Prozent aller Zuschauer fanden Geißler gut, 53 Prozent fühlten sich besser informiert, die Zahl der Projektbefürworter stieg an einem Tag von 37 auf 45 Prozent, und am Ende wünschten sich nur noch 28 Prozent einen Bürgerentscheid.

Was den Sachschlichtungs-Event anging, hagelte es hölderlinsche Hymnen und Oden an die Freude in Sachen Augenhöhe, Glanztage der repräsentativen Demokratie, Sternstunden der Diskussionskultur, Versöhnung der Generationen, die deutsche

Reifeprüfung, ein herbstliches Sommermärchen. »Kommt halt drauf an, was man unter nix versteht«, meinte Heiner Geißler lapidar am Abend seines schlichten Spruchs zur Kritik, dass ja eigentlich nichts bei allem herausgekommen sei. Und tatsächlich hinterließ die Anhörung eine seltsam paralysierte Mischung aus Siegern und Verlierern, und ich werde das Gefühl nicht los, dass die meisten Beteiligten bis heute nicht so recht wissen, welcher Seite sie sich warum am Ende zurechnen können.

Die S21-Macher können zumindest bis zur Märzwahl einen echten Triumph genießen. Sie haben nahezu alle ihre Ziele durchgesetzt, und auf einen vom Steuerzahler finanzierten Stresstest mehr oder weniger kommt es nun auch nicht mehr an. Doch was genau blüht ihnen bei einem rot-grünen Wahlsieg? Nichts vermutlich. Die radikalen Gegner, ein Teil der Parkschützer etwa sowie Anhänger des Anti-Modells – also alles so zu belassen, wie es ist –, können auch verhalten jubeln, denn sie besitzen alle Motive, um unbeirrt weiterzukämpfen. Die »vernünftigen« Unterlegenen bekamen die seltene Chance, vor großem Publikum eine Visitenkarte als nützliche Demokraten und rhetorische Genies abzugeben, und werden je nach Selbsteinschätzung der

Meinung sein, dass sie daraus ihr Kapital geschlagen haben. Die engagierten Bürgerbewegten haben erreicht, dass in Zukunft Großprojekte anders »kommuniziert« werden, sprich, uns allen eine Inflation von nervenden Volksvoten nach Schweizer Modell blüht. Die frustrierten Raucher werden sich mit Grauen erinnern an die sie betreffende Volksbefragung. Wiewohl in der Minderheit, setzten die Tabakgegner das Rauchverbot durch, weil ihre eher lässig-libertinistischen Gegner einfach zu faul waren, an jenem Sonntag zu wählen, oder sich eben darauf verließen, dass die anderen Gleichgesinnten genug Stimmen abgeben würden.

Und eines ist auch klar: Wenn in Zukunft bei jedem großen Konfliktthema eine Volksabstimmung erfolgt, dann werden die Parteiprofis und Lobbyisten ihre geölte Propagandamaschinerie anwerfen, und dann haben wir halt locker 20 Wahlen mehr im Jahr, noch mehr Getöse, noch mehr Geplapper, noch mehr Plakate, Spots und Statements und Talkshows. Und am Ende entscheiden all die Spindoktoren und Consulter und Produktmanager das Rennen. Ist das also ein echter Erfolg, wenn gewählte Politiker noch mehr um die Ecken jagen, um Werbung und Wahlkampf zu machen, während die

Strippenzieher der Marktwirtschaft seelenruhig ihre Eigeninteressen verfolgen? Es gehört zu dem fatalen Maß an Heuchelei der derzeitigen deutschen Politik, dass sie parallel zu der Schlichtungskulisse in Stuttgart die generelle Latte für dieses ganze Planfeststellungsgewürge noch höher legten, noch engere Fristen setzten und noch kompliziertere Novellen erarbeiteten, um sich in der Zukunft all diese drohenden Turnhallentermine zu ersparen. Der Augenhöhenbürger kann dann ja fleißig klagen und nach der Feuerwehr oder einem Schlichter rufen und sich einen Anwalt nehmen und gegen den Staat prozessieren. Fakt ist: Deutschland steht innerhalb der EU als quasi autoritärster Staat da, ein kafkaesker Behördenmoloch, der seine Bewohner als Störer und Querulanten empfindet und der sich so schnell kein S21 mehr antun wird.

Und die schwäbischen Bürger? Fühlen die sich Ende des Jahres 2010 endlich ernst genommen? Würden sie dies bejahen, hieße das, dass sie seit Jahrzehnten von ihrer CDU systematisch für dumm verkauft wurden. Und das ist eigentlich ein so gerechtfertigtes wie blödes Gefühl. Auch besagt das Schlichtersignal in einiger Heimtücke, dass die Bürger in Zukunft ruhig noch ein bisschen mehr misstrauen dürfen, sich in jeden bürokratischen Mist einarbeiten, sich informieren, fragen und irgendwelche Vorzimmerfiguren nerven. So in etwa wird jener Typ von Patient erzeugt, der vor jedem Arztbesuch ein paar Stunden googelt, um dann seinem Doktor zu sagen, was er bitte zu diagnostizieren habe. Ist das die Lösung? Der aufgeklärte Klugscheißer und Alleswisser? Der kritische Hobby-Mobilitätskonzeptionist? Der Omegasäuren- und Dioxinexperte? Und dann noch in Württemberg, wo es ohnehin strotzt vor Besserwissern. Mich hinterlässt dieser dahingeschlichtete Schwabe ratlos.

Vielleicht hat wenigstens eine Stimmung gewonnen, eine Art schwäbische Rückbesinnung auf die vielen verpassten Zeitsprünge der Emanzipation, 1500, 1650, 1790, 1848, 1918, 1933, 1945 oder 1968? Es würde dieser sturen, verdrucksten und letztlich recht feigen Mentalität nicht schaden, einmal zur Besinnung zu kommen, einen Politikwechsel zu probieren, mehr Fantasie und Kreativität an den Tag zu legen und den generationenübergreifenden Boykott mal auf die Spitze zu treiben. Einfach mal nicht mehr mitmachen, weghören beim Einseifen, aus den konformen stereotypen Mustern ausbrechen, mal kontern und etwas Überraschendes bieten, einen dauerhaften zivilen Ungehorsam, ein neues Denken, einen mutigeren Journalismus und Inspiration anstelle des betulichen Honoratiorenmuffs und seiner einschläfernden Langeweile. Weniger Angst würde guttun und ein bissle Mut zur Wut, mehr Witz, anarchischer Optimismus, aufrechte Gesinnung, Respekt, Leidenschaft, Selbstbewusstsein, autonomes Handeln und vor allem eine gewisse Beharrlichkeit gegenüber dem notorischen Lügen und Heucheln dieser feudal-bürgerlichen Herrschaften.

Winterreise ins Glück

Seit Jahresbeginn 2011 hat man den Eindruck, dass über die Weihnachtsferien ein neues Deutschland entstanden ist. Liest man regelmäßig die »Stuttgarter Zeitung« und vertraut den Botschaften der regierungsnahen Mediendienste – anstatt einfach nur seine Augen aufzumachen –, dann muss man doch spontane Freudentänze auf der vom Plebs gesäuberten Straße aufführen. Die Wirtschaft boomt, 3,6 Prozent BIP plus, Tendenz steigend, die Vollbeschäftigung ist laut Brüderle nur eine Frage von Wochen, Exporte wie noch nie, Binnennachfrage wie noch nie, das ganze Volk im ökonomischen Wahnglück. Angst vor Jobverlust? Wo denn, wer denn? Verschuldung? Eurokrise? Wer sagt denn so was? Die Frankfurter Börse zeigt sich in Hochstimmung, die Stimmen der n-tv-Experten überschlagen sich wie zu den Zeiten der kühnsten Dotcom-Rallyes, Rekordumsätze, wo man nur hinschaut, und vorbei und verflogen das pessimistische Geschwafel all der frustrierten Endzeitprediger mit ihrer »German Angst«-Pychose. Crisis? What crisis?

Bis vor ein paar Tagen noch waren sich doch alle klugen Köpfe einig: Die Welt steht am Rand des Abgrunds, ökologische Katastrophe, entfesselte Profitgier, Totalausbeutung der natürlichen Lebensgrundlagen, Weltdiktatur des neoliberalen Finanzkapitals, globaler Raubtierkapitalismus, Abbau des Sozialstaats, dramatische Kluft zwischen Arm und Reich, eine indifferente, kapitulierende Welt, in der 500 Firmen über 55 Prozent des Weltbruttosozialprodukts verfügen. Und Deutschland? Pleite, mortale Staatsverschuldung, allein die Hypo Real Estate und die entgleisten Landesbanken, EU-Bankenhilfen in Höhe von 2000 Milliarden Euro für die Pleitestaaten, also ganz Europa außer Deutschland und Frankreich, wenn man Sarko vertrauen kann. Kein

Mensch weiß mittlerweile, um was für eine Art von Milliarden es sich denn da handelt. Echte, geliehene, gebürgte, für immer verlorene, mit Gewinn verzinste? Und von wem und für wen? Und nun soll genau dieser entartete Markt innerhalb weniger Tage die größte Krise seit Erfindung des Menschen aus der Welt geschaffen haben? Er soll sogar die Fallenergie des Abschwungs in einen ökonomischen Megahype umgewandelt haben. Konfusion macht schweigsam. Und selbst kluge Leute werden in diesen Tagen überfordert. Mahnt ein Helmut Schmidt den laufenden ökonomischen Wahnsinn an, findet sich bei Maybritt Illner rasch ein 22-jähriger Hedge-Fonds-Experte aus den Reihen der FDP, um dies als apokalyptischen Irrtum eines altmodischen Pessimisten abzutun. Steht der Euro am Dienstag noch dramatisch auf der Kippe, dann tritt bei Anne Will am Sonntagabend ein Währungsfachmann auf, der sich über diesen Aprilscherz einiger Vulgärmarxisten amüsiert. Was nun? Was tun? Aufschwung, Krise, Betriebsunfall, Lüge, Täuschung? Was ist hier eigentlich los? Die Nation übt sich in diesen Tagen in einem Verdrängungsmix aus Bangen, Hoffen, Dienen, Abtauchen, Opferbringen, Gürtel-enger-Schnallen und dem Glauben an das »Hurra, wir leben noch« – ganz so, als ob man da über Nacht die Gedanken- und Pressefreiheit abgeschafft hätte. Die Illusion, dass dem nicht so ist, erhalten die Top-100-Talking-Heads der Republik, die von einem TV-Sender zum andern reisen und auf immer gleiche Fragen mit immer gleichen Formeln antworten. Wie Musikboxen des Pluralismus irren Henkel, Niebel, Brüderle, Sinn, Lafontaine, Künast, Jörges, Baring und Scholl-Latour durchs Land, stecken unser politisch korrektes Denkspektrum ab und ersparen dem Gebührenzahler eigene Bewertungen.

Als im Sommer 2010 den Schwaben der Hut hochging und ausgerechnet im Fünfsterne-Vorzeigebundesland Baden-Württemberg sogenannte Durchschnittsleute mit einer Stinkwut auf die Straße gingen wegen eines Bahnhofsumbaus, ein paar Tunnels und einer Schnellstrecke, da waren in den Kreisen der Dauerschwätzer auch die Gründe dafür rasch gefunden: Wenn es Mappus und der DB nicht gelingt, den Geizhälsen dort unten endlich eine klare Ansage zu machen, etwa verbindliche 4,65 Milliarden Euro, dann brauchen die sich nicht zu wundern, wenn die Stimmung kippt und die CDU nach 57 Jahren zum ersten Mal ernsthaft um ihre Regierungsmacht fürchten muss. Aber den Wutbürgern ging es nicht mehr so sehr um das Geld – auch wenn die Projektkosten je nach Lust und Laune der Lagermathematiker zwischen drei und fünfzehn Milliarden betrugen.

Geld spielt keine Rolle, ausnahmsweise ...

Bevor die Schwaben die Straße aufsuchten, gab es eine Serie irritierender Signale, und diese kamen zunächst aus Berlin. Da war der verstörende Rücktritt des Bundespräsidenten Horst Köhler, ein Württemberger in Reinkultur, der als mühsam unterdrückte Nebenerkenntnis mit sich brachte, dass unsere von Herzen kommende, humanitäre Afghanistan-Mission eine Lüge ist. Längst geht es Wirtschaft und Politik darum, langfristig in der Nähe der großen Rohstoffdepots und Pipelines zu bleiben, wenn man schon mal so lange zu Füßen des Hindukusch kauert und lauert.

Kurz danach erfolgte ein neuer Donnerschlag in Form eines modernen Ermächtigungsgesetzes: Schwarz-Gelb verlängerte über Nacht die Laufzeiten der 17 wenig vertrauenerweckenden deutschen Atomkraftwerke um etwa zehn Jahre pro Block.

Putsch, schimpften die Grünen. Das Ende des sozialen Friedens, meinte die Linke. Wenige Tage später rumpelte dann wie bestellt wieder so ein Castor-Zug durchs Land Richtung Gorleben, und dann wurde kurz wieder allen in Erinnerung gebracht, dass ein paar Jahre nach Tschernobyl immer noch Tausende von Giftfässern je nach politischer Stimmungslage und Bestechlichkeit der Behörden an Stellen und in Stollen zwischengelagert werden, an denen eine normale Hausfrau nicht mal ihre Batterien entsorgen würde.

Diese ganze Sache mit den Atomen trifft die Nerven der Schwaben ganz besonders. Vielleicht wurzelt das in den Pestepidemien des Mittelalters, welche als unsichtbare Invasion speziell in der Alb lange Zeit wüteten und sich im kollektiven Gedächtnis einnisteten. Warum auch immer, gingen hier Bauern, Bürger und Studenten Ende der Siebziger wie sonst nirgendwo in Europa auf die Straße und traten vor die dampfenden Kuppeln dieser Kraftwerke. Hier ist die deutsche Heimat der Anti-Atomkraft-Bewegung, hier entstand die Friedensbewegung, die Menschen-und-Lichterketten-Rebellion und brachten im September 1983 die Heroen der deutschen Résistance, Grass und Böll, Kelly und

Fischer und Jens und Bloch, und Zigtausende andere nach Mutlangen, um dort drei Tage lang gegen die atomare Nachrüstung zu demonstrieren. Aus der bis heute demolierten SPD heraus wuchsen damals die Grünen heran, und die Spaltung der Gesellschaft in, plakativ gesagt, engagierte Bürger einerseits und gleichgültige Spießer andererseits veränderte das Klima unseres Landes bis heute.

Vor dem Hintergrund all dieser 2010-Irritationen erhielten die Geschehnisse rund um S21 eine eigene Dynamik. Den Schwaben wurde klar, dass sich hier direkt vor der Haustüre all das konkret im Kleinen abspielte, was der Welt als globaler Multi-Megaprozess ins Haus steht.

Mit jedem weiteren Detail wurde deutlich, dass alles letztlich mit allem zusammenhängt. Und gerade in der schwäbischen Seele stieg jetzt viel Verdrängtes und Halbverdautes der vergangenen Jahrhunderte hoch. Vergilbte Bilder gewannen wieder an Farbe. Szenen aus dem kollektiven Unbewussten der Schwaben, Bauernkriege, Reformation, Feudalregentschaft, die Jakobiner und Napoleon, die Kriege, der Hunger, abgespeicherte Erinnerungen aus Schulzeit und Elternhaus, die Märchen, die Novellen und Dramen und altes Volksgut tauchten auf und fügten sich zu einem neuen Gemälde. Aus wirren Fragmenten wurden plötzlich wieder lesbare Texte, und Zusammenhangloses bekam Sinn. Leichen kamen aus dem Keller, und so konnten manche Fälle neu aufgerollt werden. Kein Wunder, dass das empörte Volk »Oben bleiben!« skandierte. Ob sein Glaube nun Bahnhöfe versetzen kann, sei dahingestellt. Aber plötzlich bebte in Württemberg die Erde, auch weil die Schwaben ahnten, dass es hier um ihre Identität geht, materiell wie vor allem ideell. Oft genug hatte man sich einseifen lassen, von den pietistischen Pfaffen, der Perückenjunta von Carl Eugen und den selbstherrlichen Vertretern des CDU-Regimes.

Dass das Fass im Sommer 2010 zum Überlaufen kam, lag auch an der Art und Weise, wie die Projektbefürworter auf die wachsende Wut reagierten. Wer nicht hören will, muss fühlen – das war die alte und neue Botschaft der bezahlten Volksvertreter an ihr Bürgertum, das aber nun genug von Lügen und Tricks hatte. Von Beginn an ließ Mappus, der in dieses Amt ja eher zufällig hineingerutscht war, keine Zweifel daran aufkommen, dass man das Projekt durchziehen würde, egal, wie die Argumente aussehen, egal, wie sich die Mehrheiten darstellen, egal, wie extrem die Kosten sich erhöhen. In spätfeudaler Arroganz »kommunizierte« man in etwa so: Ja, in Gottes Namen, ihr Neunmalgescheiten, dann diskutieren wir eben ein bissle, und ihr sagt dann was, wenn ihr an der Reihe seid, aber am Ende bleibt alles so, wie wir das machen werden.

Diese Mischung aus Scheinheiligkeit, Hybris und Verachtung brachte die Schwaben endgültig auf die Palme. Denn diese herablassende Attitüde hat eine lange Erziehungstradition. Hermann Hesse hat dies 1906 in »Unterm Rad« in einem detailgenauen Psychogramm seziert. Als sich im Spätherbst abzeichnete, dass die Landtagswahl im März 2011 für die amtierende Landesregierung zum Debakel werden könnte, begann es in den Berliner Thinktanks zu rauchen, und wenig später erfolgte ein spürbarer Kurswechsel – allerdings nur auf PR-Ebene. Man hörte immer öfter Formulierungen der Art: Man müsse den Bürger in Zukunft abholen; ihm das Gefühl geben, auf Augenhöhe mitsprechen zu können; man werde ab jetzt bei großen Projekten früher und besser mit dem Bürger kommunizieren; man dürfe nicht mehr am Bürger vorbei-, sondern müsse mit dem Bürger regieren. Doch diese artifizielle Heiligsprechung des neu entdeckten

Bürgers kam bei diesem nicht so richtig an. Vielleicht ahnte er da schon, dass man ihn am Jahresende in karikierter Form als »Wutbürger 2010« veralbern würde, als neuen deutschen Michel, mit grünem Luftballon, Trillerpfeife und von Pfefferspray geröteten Augen. Auch auf das auf Dauer nervtötende »Obenbleiben!« fanden die Werbegenies der S21-Kampagne nach langem Überlegen einen flotten Gegenslogan, der in jeder Beziehung dem zivilisatorischen Niveau der honorigen City-Visionäre entspricht: »Tu ihn unten rein!«

Eine Stinkwut, aber warum genau?

Ob es der neue Bürger auf Augenhöhe mitbekam, wie sehr seine Wut im Abstrakten wurzelt, ist schwer zu sagen. Sie war nun einfach da und beherrschte die Lage. Und sie wurde täglich neu gefüttert. Schnittige Züge wurden präsentiert, die in drei Stunden in Paris sind und in vier Stunden in Genua, oder was immer da die DB-Logistiker aus dem Hut zauberten. Ja, der Bürger las auch die Berechnungen von führenden Forstwissenschaftlern, was so eine alte Rotbuche unten im Schlosspark pro Jahr an Tonnen Feinstaub und Tonnen CO_2 absorbiert. Und es war ihm klar, dass er für die kommenden 20 Jahre in einer umtriebigen Riesenbaustelle wohnen würde, mit Lärm und Staus und Pannen und jeder Menge neuem Feinstaub. Komisch nur, dass angesichts dieser Faktenlage die andere Hälfte der Schwaben, also quasi der schweigende Part, dieses S21 gut fand und keinen Grund sah, irgendwelches Unbehagen zu demonstrieren. Der Meinungsriss ging von Anfang an durch die Landeshauptstadt wie durch das ganze Bundesland und teilt es bis zum heutigen Tag in zwei mehr oder weniger gleich große Blöcke. Die Befürworter, das sind größtenteils eben nun jene, denen eh alles egal ist, die Fortschritt gut finden, solange alles seinen Lauf geht, die ihren Herren bedingungslos folgen und ihre Ruhe haben wollen und die sich auch dazu nicht äußern wollen, weswegen es an dieser Stelle keinen Sinn hat, auf sie einzugehen. Das Interesse gilt jenen, die sich querstellen, und das kommt nun gerade dort weiß Gott nicht oft vor.

Wie wir sehen werden, kommen auf diesem Weg ein paar subtile und auch überraschende Gründe zusammen, wenn man sich diesen Aufstand in seiner wahren Motivfülle betrachtet. Da geht es um die sehr spezielle Beziehung des Schwaben zu seiner

Eisenbahn und seinen Bahnhöfen. Ebenso um seine fast absurde wie ambivalente Natur- und Heimatliebe. Es geht um die Narben und Wunden einer langen Geschichte rund um Hegels Herr-und-Knecht-Modell. Es geht um den calvinistischen Gott und das einsame Austragen des Kreuzes. Es geht um Wut und Amok, also sehr emotionale Verhaltensweisen, die auf eine tief traumatisierte Volksseele schließen lassen. Es geht um Angst, Skepsis und eine Kultur des Misstrauens. Es geht um eine bleierne Erziehung zur Bescheidenheit, die oft der Selbstentwertung gleichkommt. Es geht darum, dass hier seit Generationen die besten Töchter und Söhne davonlaufen, um sich ihr geliebtes Leiden als Heimweh zu erhalten. Es geht um die seelische Not als Grundmelodie und um das Tüfteln und Schreiben als Last-Exit-Therapie. Es geht um Genies, Mörder und unheilbare Romantiker. Es geht um den tiefen Riss in einer Seele und die faszinierenden Versuche und dramatischen Wanderungen, um diesen Widerspruch eines Tages zu lösen, dialektisch zu schlichten und vielleicht in jener blochschen Heimat anzukommen, in der noch keiner war.

Rund um den Stuttgarter Bahnhof

Portugal, südlich von Lissabons Atlantikküste, Montagmorgen gegen acht Uhr: Bevor ein normaler Bankangestellter im zauberhaften Fischerdörfchen von Cascais seine Filiale direkt an der Atlantikküste betritt, geht er in der Regel ein paar Schritte Richtung Meer, stellt seine Aktenmappe ab und schaut dann einige Minuten lang über das Blau-Weiß des Ozeans. Dazu bewegen sich seine Lippen lautlos wie bei einem Gebet oder einem Gespräch mit der fernen Geliebten. »Saudade« nennt man dort dieses Gefühl oder diesen Zustand, und nicht selten wischt er sich in seinem Nadelstreifenanzug kurz eine Träne aus dem Augenwinkel, verneigt sich unmerklich und geht dann an seinen Arbeitsplatz.

Vergleichbares habe ich nun bei meinen vielen Besuchen in Stuttgarts Bahnhof, den 1928 Paul Bonatz der Stadt baute, nicht beobachten können. Die aktuelle Liebe der Schwaben zu diesem großzügigen Bau ist eine sehr spät entdeckte. Hier rennt eigentlich jeder und alles ins »Gscheffd«. Kaum ausgestiegen aus den Nah-und-Fern-Waggons, streben all die Daimler-, Bosch- oder Breuninger-Angestellten in Richtung ihrer Stechuhren. Niemand stellt hier morgens um acht Uhr seine Laptoptasche ab und schaut mit der Innigkeit eines Museumbesuchers über das Gleismeer des Kopfbahnhofs. Ein wenig erinnert mich diese fast gotische Kathedrale immer schon an Angiolo Mazzonis Hauptpostgebäude in der Via Roma von Palermo. Auch dort herrscht eine wirre Größe, diese proto-faschistische Monumentalität mit den schlampigen Arkaden und einer etwas lieblosen Säulengebung. Der Stuttgarter Bahnhof liegt auch ein wenig wie eine gestrandete Riesentortenschachtel inmitten der blassgrünen Weinberge. Es riecht ein bisschen nach Speer-Spielerei, aufgeblasenem Bauhaus und futuristischem Kahlschlag. Damals war der Bonatz-Bahnhof ein weltweit beachteter Hit, Avantgarde pur, radikal reduziert, dem Zweck dienend und souverän ins Stadtbild integriert; was man heute nicht mehr sieht, denn Stuttgarts Städteplaner nach 1945 wurden stets mit großem Erfolg dem Ruf des meisterlichen Dilettantismus gerecht.

Allemal: Ich fand diesen Bahnhof immer schon schön, duster, lebendig, zugig, mit einer menschenwürdigen Maßgebung, einer fast griechischen humanen Dimension, einer angenehm urbanen Grundmelodie. Und dass sich auf seinem Dach der Daimler-Stern drehte, ja und? Eigentlich dreht sich in jeder Stadt ein Daimler-Stern. Und auch die Ankunft hier ist stets ein Erlebnis. Man rumpelt über ramponierte Gleise, über glitzernde Metallverstrebungen, vorbei an Häuschen mit kryptischen Zeichen, aber man dringt so in eine Stadt hinein und bekommt ein wohliges Gefühl für den Ort, einen ersten Eindruck, und dann steigt man eben aus und ist im Zentrum. Das Ganze hat eine Seele, Hand und Fuß, es ist unverwechselbares Stuttgart, mit all seinen Macken und Merkwürdigkeiten. Klar kann man sich über das Ächzen der altersschwachen Schienen und über den Schmutz und das Grau ärgern. Nur auf die Idee zu kommen, diesen ganzen Komplex plötzlich in Nichts aufzulösen, ihn Hunderte Meter tieferzulegen, ihn dort auch noch um 90 Grad zu drehen und daraus einen utopistischen Durchfahrtsbahnhof zu machen, ein neues Herz Europas mit silbergrauen High-Speed-Zügen, die führerlos und computergesteuert Menschen und Güter in einer Affengeschwindigkeit von A nach B bringen – also dazu gehört echt visionärer Mut. Oder soll man besser sagen: absoluter Größenwahnsinn. Die Idee zu S21 entstand, so sagt die Legende, in den frühen Neunzigern im Helikopter, indem das Herrenquartett Bahnchef Dürr, Verkehrsminister Wissmann,

Oberbürgermeister Rommel und Ministerpräsident Teufel über der City kreisten und sich von den gigantischen Gleisflächen inspirieren ließen zu jenem ehrgeizigen Mammutunternehmen, welches dann in kleinen Kreisen bei fetter Metzelsuppe und feurigem Trollinger nach und nach Form annahm. Im Jahre 1994 wurde es als S21 wie ein Kaninchen aus dem Hut gezaubert, durchgewunken und an die diversen Behörden weitergereicht. Es gab da zwar ein paar Bürgerbegehren und kleinere Störfeuer, doch die wurden je nach Intensität des Bürgerinteresses zügig mit Hochglanzbroschüren und Animationsfilmchen wegkommuniziert. Kaum waren die jeweiligen Kommunalwahlen absolviert, ging jeder weiter seiner Wege, alles ging ins »Gscheffd« und hatte diese und andere Sorgen. Und alles würde auch heute noch seiner friedlichen Wege gehen, wenn nicht irgendwann mal jemand die Stuttgarter darauf hingewiesen hätte, dass dieses sogenannte Projektle inzwischen alle politischen und juristischen Hürden genommen hatte und die Tunnelbohrer aus dem Hause Herrenknecht bereits geordert waren. Wiewohl das Modell in ausführlichster Form der Öffentlichkeit seit Jahren zur Betrachtung freistand, begannen die Schwaben erst ab Ende 2009, auch vor dem Hintergrund global einstürzender Alt- und Neubauten, die ganzen Dimensionen dieser Radikaloperation wahrzunehmen. Und erst beim näheren Hinsehen erkannten sie, was ihnen da jetzt blühte, was die Global-City-Visionen des Spätzle-Kartells in Wahrheit bedeutete und wohin diese infantile Zwangsbewältigung des alten schwäbischen Minderwertigkeitskomplexes führen sollte.

Wie ein Lauffeuer sprach es sich plötzlich herum – die ganze Innenstadt radikal tieferlegen, konfliktloser Durchlass für die großen Euro-Trassen, den Personen- und Güterverkehr schneller abwickeln, futuris-tische Traffic-Lösungen mit Stuttgart als neuem, zentralem Knoten, zehn Fliegen mit einer Klappe geschlagen. Weil auch, Wunder über Wunder, 100 Hektar neue, hochwertige Cityfläche geschaffen würde, mit 11 000 Wohnungen, supermodernen neuen Lofts, Ateliers und Büros, 50 000 Quadratmeter großen Shopping-Arkaden, 2000 neuen Pkw-Stellplätzen und 25 000 Arbeitsplätzen im Verlauf der grob geschätzt 20 Jahre Bautätigkeit. Dutzende von Firmen würden für zig Milliarden Euro Bauaufträge abgreifen, 70 Kilometer Tunnels, 60 Brücken, hundertundnochwas Kilometer neue Schienen, halb Deutschland wäre im Goldrausch, und auch die halb bankrotten

Landesbanken, die Herrenknecht AG, die Bilfinger & Bergers, die Freunde der Freunde, die Späth- und Oettinger-Freundeskreise, all die Förderklubs und Stiftungen und auch die Daimlers und Boschs würden sicher nicht zu kurz kommen. Fast manisch wurde immer wieder mit Speed argumentiert und Image und den vielen Minuten Zeitersparnis zwischen Ulm und Stuttgart und weitere zwischen Stuttgart und Paris. Auch natürlich die Magistralen Genua–Rotterdam und Paris–Budapest mit einem New Stuttgart als Knotenpunkt für Unmengen an zu verteilenden Gütern und Personen; ganz so, als ob 2020 Autos und Flugzeuge verboten würden. Und dann dieser unterirdische, heroische Ingenhoven-Tempel mit Glas und Stahl und Bullaugen und darüber diese hypermoderne Ghost City, wie in Dubai oder wie »La Défense« im Norden von Paris, wo man dann auch mal richtige Krimis drehen könnte mit dreistelligen Millionen-Dollar-Emmerich-Etats, mit Brad Pitt und George Clooney und Angelina Jolie und Scarlett Johannson. Haben die Schwaben nicht genug dieser Peanuts-Tatorte gesehen – mit Hubys Bieder-Bienzle, seiner altbackenen Freundin, dem Kehrwochen-Hausschrat im ersten Stock, all dem blassroten Trollinger und dem etwas unerotischen Albdialekt?

Echte Schwaben haben echte Probleme, ihr materielles Vermögen ohne Konflikt zu leben, es also auszuleben, zu genießen oder transparent einzusetzen. Es wird nebulös versteckt, oft auch vor sich selbst. Es ist ein Tabuthema, man redet nicht darüber, und das mag sich durch die Erinnerung an jahrhundertelange Armut und an die absurden Gebote des Pietismus erklären. Aber es geht hier zunächst um profanere Belange. Ein Schwabe, der es zu etwas gebracht hat – und wir reden jetzt von der Zeit ab 1920 – und der sich damit zur Elite zählt (Elite ist, was Geld hat, und damit sind alle anderen, speziell Dichter und Denker zu Lebzeiten, de facto nicht angesprochen), wird jede Möglichkeit nutzen, in München seine Welttauglichkeit unter Beweis zu stellen. Mag er nun beispielsweise in seiner Mittelstandsfirma seit Generationen die besten Backwaren des Universums herstellen, traut er seiner Wertarbeit erst dann über den Weg, wenn er eine solche Packung aus seinem Haus bei Dallmayr gekauft und bezahlt hat. Die Schwabenelite traut sich nicht richtig über den Weg. Von außen betrachtet, wirken ihre Produkte als misslungen und eher zweitklassig; Schnäppchen, Resterampe, Klump. Seit der Fertigstellung der Eisenbahnlinie Stuttgart–München gehört es also zum psychischen Genesungsprozess der Hautevolee, dass man zum Flirten, zum Flanieren und zum »richtig Einkaufen« das Ticket an die Isar löst, zweite Klasse, logisch, weil mit der ersten kommt man auch nicht schneller an. In München, diesem Stuttgart durchaus verwandten, aber eben barocken Kuhdorf, vermutet der Schwabe die wahre Welt, florentinische Renaissance, verwirrenden Eros, Montmartre und Big Apple, ganz großes Kino eben. So sitzt er also beim Aperol-Spritz oder einem Macchiato mit trendy Schnittlauch-Aroma in den überteuerten und geschmacksverirrten Cafés der Maximilian- und Leopoldstraße herum und schaut und schaut, wie echte Lebenskünstler richtig leben und sorg- und sinnlos lachen und die Kellnerinnen duzen. Überall am Siegestor Celebs, VIPs und Promis auf zwinkernder Augenhöhe, hupend, küssend und cool über den ungekehrten Boulevard surfend. Wie gerne wäre ein Schwabe ein Münchener. »Zur Sache Schätzchen«, die Kommune I, Uschi Obermeier, »Bravo«, »Playboy«, »Bunte«, das Fräuleinwunder, die Schickeria, der Graeter, Betten Rid, Loden-Frey, Dallmayr, Käfer, der Bulle von Tölz, die zwei Weppers und die zwei Kesslers, all die Derrick-Folgen, der FC Bayern, Skandale, Sex und Delikatessen. Ganze Generationen verlassen am Tag ihres Abiturs ihre schwäbischen Käffer, um in München horrende Summen für tiefergelegte 20 Quadratmeter-Siffbuden hinzublättern. Endlich vorbei das Spießerelend, die Bauernhöfe, Misthaufen und Spätzle mit Soße und gemischtem Salat. Alles wird abgestreift, bis auf den Dialekt, auch wenn die anderen Global Jung-Player bei Mc Kinsey immer so grinsen. Was bleibt, ist diffuses Heimweh, und so bringt man der Mutter am Wochenende auch regelmäßig die Wäsche mit nach Hause.

München wie London hatten in den Neunzigerjahren vergleichbare Pläne für ein M21 und ein L21 vorliegen, um ihre alten Bahnhöfe abzusenken und darüber ein neues Jerusalem zu errichten. Nach kurzer Beratung haben beide Städte diese Idee verworfen.

Was also nun treibt Stuttgarts politisch-ökonomische Klasse an, seit einem Vierteljahrhundert unbeirrt an einem Projekt festzuhalten, das selbst wohlgesinnte Planungs-Insider als höchst riskant, unwirtschaftlich und aberwitzig bezeichnen? Egal, wie eloquent und raffiniert die S21-Fürsprecher seither auftreten und wie sie ihre verkehrslogistischen Konstruktionen verkaufen: Man wird das Gefühl nicht los, dass hier ein kleiner Zirkel den Versuch unternimmt, sich selbst unter Nutzung der Landeshauptstadt vom Provinzdasein zu erlösen, das imaginäre Image von Kehrwoche, Spießertum und frigidem Spartrieb loszuwerden und endlich auf glühenden Gleisen Richtung große Welt zu rasen, um eine echte Nummer und eine ernst zu nehmende Adresse im globalen Masterplan zu werden. Und nun merken die normalen Menschen dort, dass diese Handvoll Oligarchen davon ausgeht, mit dieser breiten Sehnsucht nach Größe spielen zu können, und sich dabei auch noch die Taschen füllt. Denn in letzter Konsequenz geht es hier um ein gigantisches Immobiliengeschäft, bei dem wenige maßlos profitieren und der Rest draufzahlt. Es hätte ja fast alles geklappt wie sonst auch. Und ohne den Kontext der aktuellen, weltweiten Konfusion wäre das in etwa so abgelaufen: Liebe Bürger, ihr habt ja dieses Megaprojekt bestellt, und wir kommen diesem Wunsch nach, nur leider ist es viel teurer geworden als gedacht, Griechenland, die Hypo Real Estate, der Euro, die Finanzkrise, wer konnte das ahnen, aber wir fügen uns eurer Mehrheitsentscheidung, ihr, Volk, seid der Souverän, und wir tun das Beste, ihr kriegt euren Bahnhof und die Magistralen, und wir widmen uns jetzt wieder den Leitz-Ordern und dienen euch, aber Ruhe jetzt bitte.

Doch nun ist alles ganz anders gelaufen. Der Logik des Reizsummengesetzes folgend, kippte das Projekt plötzlich. Es reichte. Und je öfter sich die Cliquensprecher zu Wort meldeten – so wie der empörte Dieter Hundt, der von verheerenden Auswirkungen warnte, sollte sein S21 scheitern –, desto grantiger reagierten die sonst so duldsamen Schwaben. Und nachdem die Kontra-Aktivisten wegen der bundesweit wachsenden Aufmerksamkeit auch Gelegenheit bekamen, all die Verstrebungen, Interessenlagen und Lobby-Abhängigkeiten des Pro-Lagers einmal plausibel darzustellen, legte selbst ein großer Teil der bürgerlichen Halbhöhenlagen-Mitte seine vornehme Schüchternheit ab.

Man hatte genug gehört von dem betulichen Verlautbarungsgeschwätz, den Newslettern des Mappus-PR-Apparats und dem »Bunga-Bunga«-Getrommel der bestellten Zukunftsmariachis. Wie Lincoln sagte: »Man kann nicht alle Menschen für alle Zeit belügen.« Und erst recht keine Schwaben, die es mit der Wahrheit genau nehmen; zumindest die eine Hälfte.

Modelleisenbahn und bitterer Ernst

1891 präsentierten die Märklin-Brüder aus Göppingen auf der Leipziger Ostermesse die erste Spielzeugeisenbahn der Welt. Im Jahre 1960 kauften mir meine Eltern zu Weihnachten eine Eisenbahnlandschaft im Kleinformat. Ein Schwarz-Weiß-Foto aus jenem Winter zeigt mich im romantisch beleuchteten Keller unseres Hauses mit einer viel zu großen Schaffnermütze, der Trillerpfeife und einer originalen Rot-Grün-Kelle. Ich schaue ernst und verantwortungsbewusst in die Kodak-Kamera meines Vaters, und meine Hand bedient den Trafo, damit der Fernzug aus Ravensburg auch pünktlich in den Bahnhof einfährt. Der Unterschied zwischen Spiel und Realität war verschwindend gering.

In jeder Familie quer übers Land verschwanden zum Jahresende hin Väter und Söhne, und auch mein Vater und ich versanken im Souterrain-Idyll, dem Entwurf einer gefahrlosen heiteren Welt, die man zudem mit etwas Geld und Fantasie eigenmächtig gestalten konnte. Auf der ockerbraungrün lackierten Sperrholzplatte wuchs diese Welt Jahr für Jahr um einige Objekte. Am Fuße der Pappmascheegebirge standen Kühe, und Albschafe grasten auf Weiden, vor romantischen Fachwerkhäusern lasen Männer auf einer Bank den Sportteil der Ulmer Zeitung, blauäugige Mädchen mit blonden Zöpfen warteten vor geschlossenen Schranken, Männer im Overall und mit narzissengelben Meterstäben stellten Weichen, hinter dem klobigen Rathaus befand sich ein Kirmesplatz mit Karussell und Schiffschaukeln, und ein einsamer bärtiger Mann in einem langen schwarzen Mantel machte einen weiten Bogen um die Stadt, ein Bankräuber vielleicht oder Hölderlin im wirren Monolog. Auf mein Trillern hin sorgte der Vater dafür, dass sich die rot-weißen Schranken senkten, und dann fuhr der nächste Zug ein in den Heidenheimer Bahnhof. Die schwere, pechschwarze Zink-Lokomotive namens »Krokodil« passierte den Tunnel, ihre gelben Frontlichter zuckten, und dann rollten die mit Braunkohle gefüllten Güterwagen ein und die mit den ovalförmigen Dieselöltanks, dann zwei mit »Dr.-Mengele«-Saatgut aus Günzburg, ein mondäner Speisewaggon, gefolgt von den Passagierwagen der ersten und zweiten Klasse, und die Luft roch dann stets so metallisch-elektrisch. Irgendwann erlosch dann das Interesse, und das war gut so, denn es begann das richtige Leben, jenes ohne Rückfahrkarte und Trafo und permanente Schaffnerhoheit.

Einmal im Jahr durfte jede schwäbische Schulklasse einen Tagesausflug machen, und es gab die Wahl zwischen, natürlich, München inklusive Hofbräuhaus, dem Stuttgarter Wilhelma-Zoo und den Märklin-Werken in Göppingen. Dort konnte man sehen, wie so eine Krokodil-Lok aus Hunderten von Einzelteilen handgefertigt wird, verkupfert und vernickelt, von Hand lackiert, von Hand bepinselt und am Ende so zärtlich verpackt wie ein Cartier-Armband. Für uns Jungs war das alles normal. Wie konnten wir denn ahnen, dass wir quasi ein Museum besuchten, einen Tempel deutscher Wertarbeit und solider Handwerkskunst, alberne, irrationale Werkstätten, auf die bereits die ersten Requien komponiert waren?

Viele Jahre später konnte man lesen, dass die Konkurrenz aus Asien vergleichbare Loks zehnmal billiger produzierte. Zwar war Märklin 2004 mit einem Jahresumsatz von 160 Millionen Euro immer noch Marktführer, doch einige Kunden hatten bereits den geilen Geiz auf der Rechnung. Zum ersten Mal in der Firmenhistorie registrierte man an der Fils den Begriff Umsatzrückgang. Je komplexer, diffuser und aggressiver die Welt da draußen wurde, desto verzweifelter klammerten sich indessen die wahren Stammkunden an den alten Wertekanon, an Treue und Güte. Wenn Idyll und Heimat im wahren Leben schon verloren waren, dann sollten wenigstens die Göppinger die Illusionen aufrechterhalten. Märklin, stur wie ein schwäbischer Ziegenbock, beharrte also unter diesem Eindruck auf dieser Tugend der Wertarbeit und rückte keinen Millimeter ab vom Ethos. Dann verhedderte man sich in groteske Plagiatsprozesse gegen diverse Nachahmer und tat, der Logik der Zeit folgend, schweren Herzens das, was man halt als Mittelstandsunternehmen in der Krise jener Jahren machte: Jobs nach Thüringen und nach Ungarn verlagern, wo Menschen eben ein Sechstel des Schwabensalärs verdienen. Das erbrachte nun Loks, die in der ersten Kurve bereits entgleisten, all die Kühe umfuhren und den Hölderlin und dafür sorgten, dass im richtigen, also realen Dorf die Sicherung ausfiel. Um den Niedergang aufzuhalten, stieg ein englischer Konzern mit dem tröstlichen Namen

Kingsbridge ein. Doch der Zug war da bereits abgefahren. Im Februar 2009 standen Märklin & Partner mit 50 Millionen Euro Schulden auf dem Abstellgleis. »Erst deutsch, dann britisch, dann pleite!«, kommentierten die Göppinger Lokaljournalisten die finale Runde der Insolvenz. Nach der verheerenden Chrysler-Fusion des römischen Brunnengotts Schrempp aus der Cannstatter Nachbarschaft war dies der nächste Schock für die schwäbische Unternehmerseele. Außerhalb des Ländles nahm man das zwar nicht so richtig wahr – aber bei den wahren Schwaben bestätigte es sich, dass das Pokern und Flirten mit den globalen Mächten einen Traum nach dem anderen auslöschen würde. Ein normaler Mensch zuckt da mit den Achseln, klappt seinen Laptop auf und kümmert sich um sein SAP-Depot. Für den romantischen Schwaben sind solche Dinge aber die reine Folter, eine Operation bei vollem Bewusstsein, die Auslöschung der Kindheit und des Erinnerns und was davon noch übrig bleibt.

Und noch ein Opfer der Grande Tour

Fast zur selben Zeit, als die Träumer von Märklin aus dem Schienennetz gestrichen wurden, machte ein weiterer Vorfall der Schwabenseele klar, dass sie in dieser schönen neuen Welt nicht wirklich zu Hause ist, sondern unter die Räder kommen wird.

Dort, wo das Reisen mit der schwäbischen Eisenbahn am schönsten ist, nahe des mörikeschen Blautopfs bei Blaubeuren, wurde am 5. Januar 2009 abends um 19.30 Uhr von Bahnarbeitern die kaum identifizierbare Leiche des Musterunternehmers Adolf Merckle aufgefunden – nur 300 Meter entfernt von seiner Villa. Mit 74 Jahren hatte sich der Konzernchef mit der Reputation eines bodenständigen, sozial verantwortlichen Gutsherrn mit teilweise 100 000 Angestellten und einem Jahresumsatz von 35 Milliarden Euro vor den abendlichen Bummelzug geworfen.

Der Ratiopharm-Chef kam zeitlebens mit einer einzigen Sekretärin aus, steckte in den 40 Jahren seiner Expansion keine müde Mark in die modische Um- oder Aufrüstung seines Büros und nutzte bei seinen nationalen Geschäftsreisen ausschließlich die zweite Klasse der Bahn. Nachdem er 1967 die Firma von seinem Vater übernommen hatte, baute er Schritt für Schritt und mit einer soliden ökonomischen Strategie sein Imperium auf. Ab 2002 wackelten einige Außenposten seines inzwischen weiterverzweigten und clever verschachtelten Firmenhauses. Es waren eine Menge Pech dabei und blöde Zufälle, dass sein Ausflug ins Private Equity Business in einem Fiasko endete. Das ließ sich fürs Erste aber elegant durch Kredite und Fremdfinanzierungen auffangen. Doch fast alle der Neueinkäufe ins Portfolio erwiesen sich als trügerische Gesellen, also nahm die Abwärtsspirale an Dynamik zu, und am Ende des globalen Pokers setzte einer, der alles andere war als ein richtiger Spieler, auf die legendäre VW&Porsche-Aktienkaskade. An deren Ende musste Adolf Merckle mit Gläubigern verhandeln, die Cockney sprachen oder koreanische Dialekte. Er hatte mithilfe von Dolmetschern und Consultern Überbrückungskredite zu erbetteln und Zwangsverkäufe vorzunehmen, während die Autoren der Wirtschaftspresse in die Hände klatschten. Endlich: Einen Giganten alter Schule beim freien Fall zu betrachten, das war fast wie Whalewatching in Samana. Bei Merckles persönlichem Scheitern ging es nicht um Korruption, um Betrug, um Insiderkriminalität, um das große Roulette. Hier hatte sich eine Gestalt des letzten Jahrhunderts aufs falsche Terrain vorgewagt und geriet »Unters Rad«, und das fühlte sich vermutlich so an wie die Entfremdung des jungen Hermann Hesse, der damals hier um die Ecke spüren lernte, was es heißt, alleine und trostlos in der Steppe zu sein.

Herr Merckle hätte sorglosen Rentnertagen entgegensehen können, mit erbaulichen Wanderungen durch die Welt der Alb und der Anden. Doch er machte seinen Gesichtsverlust zu einer Sache der Ehre. Und auch zu einem fast biblischen Opfergang in Sachen Turbokapitalismus. Dieser quittierte den Suizid mit dem ihm eigenen Humor: Am 6. Januar, am Tag nach dem Tod des Patrons, als die Zeitungen mit der üblichen Fassungslosigkeit versuchten, Erklärungen für diesen Vorfall zu formulieren – die zur Verärgerung der vom Winterurlaub zurückgekehrten Chefredakteure kollidierten mit den Berichten über den alljährlichen Feiertag der in Stuttgart versammelten Freidemokraten –, brachen die Ratiopharm-Aktien um zwölf Prozent ein.

Württemberg und sein alter Bahnkomplex

Es stellt sich da eine generelle Frage: Ist ein Bahnhof nebst seinen Schienentrassen nun ein öffentlicher Raum oder Privatangelegenheit hoch qualifizierter

Fachleute? Nach deren Meinung kann es offenbar nicht angehen, dass jeder Hinz und Kunz, der im Stuttgarter Bahnhof mal ein Ticket kauft, sich deswegen wie ein Kleinaktionär aufführt und sein Recht ableitet, irgendwelche baulichen Änderungen zu verlangen oder zu verhindern. Als Bonatz 1914 mit seinem Schalterhallen-Großprojekt begann, wurde ja auch keine Volksbefragung durchgeführt. Und warum auch – wie wir heute sehen, lieben die Stuttgarter offenbar ihr Kulturdenkmal und verteidigen es mit großer Entschiedenheit. Das ist typisch für die Schwaben. Sie wehrten sich auch vor 130 Jahren vehement gegen das erste Benz-Automobil und sind heute doch die größten Profiteure der Autoindustrie.

In Sachen Bahn herrschte in Württemberg eine ziemliche Desorientierung, und um diese nachzuvollziehen, müssen wir in die Zeit um 1825 zurückgehen. Während in Franken, in Bayern und drüben in Baden der Eisenbahn-Boom mit voller Wucht einsetzte, stemmten sich die schwäbischen Herzöge gegen diesen modernen Irrweg und riskierten keinen müden Taler für eine in ihren Augen nutz- und sinnlose Investition.

Da man selbst nebst Hofvolk, Mätressen, diplomatischen Besuchern und Festgästen problemlos mit dem hauseigenen Kutschen-Shuttle zwischen den Regierungs- und Erbauungsschlössern hin- und herreisen konnte, stellte sich die Frage nicht, ob man Unsummen in Schienen und Maschinen stecken sollte. Wichtige Waren, ob Kaviar, Baumstämme, Stoffballen oder Festfackeln, wurden über die Donau und den Neckar bewegt. Und den Bauern oder den paar Studenten Gleise zu schenken, auf denen sie bequem nach Tübingen oder Gerstetten, Heubach oder Neresheim kämen, das war ja wohl zu viel verlangt. Dazu gab Gott ihnen Beine. Feurige Unterstützung erhielten die sparsamen Regenten von ihren pietistischen Pfaffen: In Gedichten und Predigten warnten sie ihre Gemeinde vor dem fauchenden Dampftier, welches ihrer Meinung nach bereits in der Apokalypse des Johannes von Patmos als Vorbote des Weltenendes beschrieben wurde. In der Tat ignorierte Württembergs Elite die satanische Eisenbahn so energisch und nachhaltig, wie es irgend möglich war.

Kurioserweise war es aber wieder einmal ein Schwabe, der vor längerer Zeit schon eine Zugmaschine ertüftelt hatte, die ihre Energie aus einem Gemisch aus Feuer und Wasser bezog. Der 1739 auf den Fildern geborene Philipp Hahn war in jungen Jahren bereits Pfarrer, was auch sonst, und beim späteren Herumziehen und Predigen über diese trostlosen Albkäffer und Einödhöfe wurde es ihm unfassbar fade in seiner Seele. Um sich vor der drohenden Verblödung zu schützen, wandte er sich wie so viele dieser klugen und wachen Albseelen dem manischen Tüfteln und Erfinden zu. Was sonst sollte man denn auch in einer Gegend tun, wo das Urteil zu einer lebenslänglichen Strafversetzung am Tag der Geburt bereits feststand? Hahn erfand also Uhren, Waagen, Rechenmaschinen, Fernrohre, einfach zur »Erholung des Gemüts und Erlangung neuer Kräfte«, wie er es vor sich rechtfertigte. Ein späterer Seelenverwandter, der Dichter Thaddäus Troll, beschrieb so einen Menschentyp mit den Worten: »Der schwäbische Erwerbssinn, verbunden mit beharrlichem Fleiß, der Hang zur Unabhängigkeit und die Fähigkeit, sich in ein Problem zu verbeißen, es von allen Seiten anzupacken, der Drang zum Sinnieren und Tüfteln, die gute Schulbildung, die Tradition feinmechanischer Genauigkeit, die pietistische Verpflichtung zur Zuverlässigkeit und Gediegenheit haben den Schwaben zum Erfinder und Unternehmer prädestiniert.« Seine Konstruktionen führte Hahn öffentlich vor, und so wurde er später durch persönliche Besuche des Herzogs und Schellings geadelt. Als er in Lorch als Hauslehrer arbeitete, kam ihm dort die Idee zu ebenjener Zugmaschine, die mit dem Zusammenspiel von Feuer und Wasser, sprich Dampf, als Antrieb funktionieren würde. Da ihn andere Pflichten davon abhielten, diese Idee in ihre Details hinein weiterzuverfolgen, legte er die Papiere ad acta, und dort füllten sie ab dato die Schublade seines Schreibtischs. Manchmal passiert es ja, dass der Geist, der solchen Erfindungen innewohnt, sich selbstständig macht und auf Reisen geht, und so tauchte diese Dampfvision wenige Jahre später bei einem britischen Ingenieur als eine Art Eingebung auf und nahm dort rasch Form an, auch weil in Manchester mächtige Geldgeber überzeugt worden waren. Über England erreichte die Vision »Railway« Nordamerika, und die enormen Distanzen auf dem neuen Kontinent boten jeden Anlass, umgehend Schienennetze in die Wüsten zu hämmern.

Wie es der Teufel will, nahm dort ein anderer Schwabe Notiz von der revolutionären Erfindung und schrieb daraufhin eine fast homerische Hymne auf die Zukunft dieses revolutionären Verkehrsmittels.

Es handelte sich um Friedrich List aus Reutlingen, einen Pfarrer, was sonst, aber was für einer. Er muss wie ein deutscher Sorbas aufgetreten sein, ein lebender Vulkan, ein rast- und heimatloser Opponent, ein Rebell aus tiefstem Herzen, ein funkelnder Schwärmerkopf im Geiste Aristoteles', ein Mann des Volkes, der diesen altwürttembergischen Schreiberstaat mit seinem Heer aus höfischen Parasiten, Gesinnungsspitzeln und Speichelleckern abgrundtief verachtete. In den Augen des Herzogs Carl Eugen aber war er ein Hassprediger, ein schwäbischer Taliban, ein fundamentalistischer Satansbraten. Wie fast alle seine Herzensfreunde und Gleichgesinnten, Schiller, Hölderlin, Schubart, bestand sein Berufsleben hauptsächlich aus Flucht, Schweizer Exil, Hohenasperger Kerker, Landesverbot. Und während einer solchen Abschiebung lernte er in Amerika im Jahre 1825 das Eisenbahnwesen kennen und schätzen. Da sich in seiner Heimat wie gesagt Politik und Kirche der Bahn verschlossen und die Obrigkeit lieber mit ihren hübschen Zweispännern durch die Auen trabte, hinterließ List in einem fulminanten Essay folgende Beschreibung der fiktiven schwäbischen Eisenbahn: Sie sei »ein Herkules in der Wiege, der die Völker erlösen wird von der Plage des Kriegs, der Teuerung und Hungersnot, des Nationalhasses und der Arbeitslosigkeit, Unwissenheit und des Schlendrians, der ihre Felder befruchten, ihre Werkstätten und Schachte beleben und auch den Niedrigsten unter ihnen Kraft verleihen wird, sich durch den Besuch fremder Länder zu bilden, in entfernten Gegenden Arbeit und an fernen Heilquellen und Seegestaden Wiederherstellung ihrer Gesundheit zu suchen«.

Die herzöglichen Testleser konnten mit dieser Hobo-Tramp-Poesie nun gar nichts anfangen. Für sie war dies nur ein weiterer Beweis dafür, dass man all diese Schwärmer am besten rasch auf den Asperg schicken sollte, damit sie sich dort von ihren Wahnvorstellungen erholen konnten.

Erst als die Herzöge bemerkten, was die Regenten der Nachbarstaaten entlang der Schienen für Profite einfuhren, welche reichen Städte dort heranwuchsen und wie viele Güter und Waren umgeschlagen wurden, kamen die Räte zusammen. Mit dramatischer Verspätung entschloss man sich nun doch für eine staatliche Eisenbahnpolitik und verfolgte murrend von den Schlössern aus, wie endlos lange zum Beispiel die 4 000 Arbeitskräfte brauchten, um den lächerlichen Höhenunterschied der Geislinger

Steige in den Griff zu bekommen. Fast ein Drittel des Staatsetats wurde vom Schienenmonstrum verschlungen. Als Erlösung für den Etat erwies sich dann Bismarcks Entschluss, das neue deutsche Reich 1871 gleich mal in den Krieg gegen Frankreich zu schicken. Ruckzuck übernahmen die Logistiker der Spitzhaubenmilitärs die weiteren Schritte, legten die Trassen und Weichen und bauten Signale auf, und bald rollten Waggons voller Truppen ab Richtung Rhein. Bis heute dokumentiert sich diese alte Aversion gegenüber der Bahn so, dass fast alle Bahnhöfe am Stadt- oder Dorfrand liegen, vergleichbar mit Leprastationen oder Asylantencontainern.

Ein paar Kriege später, so um 1965 herum, wurden wir in der Schule gefragt, was wir denn später einmal werden möchten. Klar, fast alle wollten Schaffner werden, Lokführer, Weichensteller oder Bahnhofsvorsteher. Alle wollten wir etwas zu tun haben mit diesem erregenden, ständig in Bewegung befindlichen System, welches es ja in Groß gab und auch in der kleinen Kellerausgabe. Wie waren wir stolz bei all den Familienfeiern, Geburtstagen, Konfirmationen, Hochzeiten und Beerdigungen, die in Schwaben, warum auch immer, besonders lustig ausarten, die blau-rote Bahnler-Mütze von Opa zu tragen, in die Trillerpfeife zu blasen, Durchsagen auszubrüllen und die leicht genervten Erwachsenen abzukassieren mit diesem schweren silbrigen, tragbaren Automaten, wo für jede Münzengröße ein eigener Schacht vorgesehen war.

Weil die Väter bald schon einen VW-Käfer hatten oder einen 190er Mercedes-Benz und es zudem Busse gab, die uns einzeln abholten, um uns pünktlich vor dem Gymnasium abzuliefern, nahmen wir die große schwäbische Eisenbahn damals schon als leicht nostalgische Sache wahr, der man anmerkte, dass sie schon bessere Zeiten gesehen hatte. Dennoch präsentierte sie sich stolz, stark und auch mächtig. Bei Tagesausflügen mit unserem Mathelehrer mit der inzwischen ausrangierten Härtsfeldbahn machte dieser uns klar, dass es ohne diesen Zug der Größte aller Schwaben, unser Ulmer Albert Einstein, nie geschafft hätte, seine Relativitätstheorie zu entwickeln. Wir erfuhren, dass die Zeit von der Bewegung abhängig ist und sich bewegende Körper in Richtung ihrer Geschwindigkeit verkleinern.

Zwar verstanden wir damals nur Bahnhof, und so geht es mir auch heute noch, doch wir gaben uns Mühe, bei der rhythmisch polternden Fahrt durch unsere zauberhafte Heimat zu begreifen, dass es ein

Gestern geben muss, ein Nichts, ein schwarzes Loch, ein Heute, Hier und Jetzt, ein Demnächst und ein variables Vielleicht und noch viele andere Dimensionen dahinter, für die wir aber noch nicht reif waren. Beim träumerischen Hinausschauen auf die Landschaften mit den echten Kühen und Schafen, den vom Ruß und Leben beschmutzten Klinkerbahnhöfen, den Mädchen mit den Zöpfen und den Männern mit einer Mappe unter dem Arm und dem typischen »Gscheffds«-Gang entstand die Magie der kleinen Geschwindigkeit. Alles war in Einsteins Lot, und es herrschten Ruhe und Bewegung zugleich. Und der sanfte Nebel draußen und der karge schwäbische Boden erzählten uns in den seltenen Momenten der Gesprächigkeit von der langen Geschichte der Menschheit. Und wenn man an ganz bestimmten Tagen quälend langsam über die erotisierenden Flächen der Alb dampfte, sah man, wie die Horizonte der unendlich sanften Albhügel in den Wellenteppich des Ionischen Meeres übergingen, und man spürte, dass die Odyssee der Levante und die lutherischen Evangelien, die wir mit großem Bachgeorgel versehen erlebten, unser aller Freude und Drama sind. Und so verstanden wir auch für ein paar Momente einige der rätselhaften Verse des geliebten, wirren Bruders Hölderlin und die Worte des nicht minder geliebten Malers HAP Grieshaber hoch oben auf seiner Reutlinger Achalm: »Obwohl unsere Berge so anregend sind wie die griechischen und die Täler voller Merkwürdigkeiten stecken, ist die Alb doch ein alt erschlossenes und früh besiedeltes Land, doch warum nur so kunstfern und schwerfällig?«

Eine Jugend zwischen Ruinen und Weichen

»Auf de schwäbsche Eisenbahne« – dieses Volkslied, vielleicht das schwäbischste aller schwäbischen Lieder, begleitet jeden Schwaben bis tief in die aktuellen Auseinandersetzungen um das S21-Syndrom. Leute, die genau wissen wollen, woher dieses grobschlächtige Road-Movie-Script herkommt, das den Zuhörer über Stuttgart, Ulm, Biberach und Meckenbeuren nach Durlesbach führt, werden feststellen, dass es sich in melodischer Hinsicht um ein Basler Soldatenlied aus dem Jahre 1850 handelt. Wenige Jahre später texteten es ein paar pfiffige Tübinger Studenten, typische Stiftler-Yuppies, zu einem Spottlied auf die rückständigen Albbauern um, die der transrapidischen Verve des neuen Verkehrsmittels nicht gewachsen waren. Der zentrale Witz der Folk-Ballade liegt darin begründet, dass ein Bauer bei der ersten Zugreise seinen Ziegenbock in falscher Einschätzung der Geschwindigkeit an den letzten Waggon anbindet und dann an der Endstation feststellt, dass von seinem Stallstolz nur noch der im Schotter liegende Kopf übrig geblieben ist. Rullala, trullala, als Hohelied auf die Moderne und Spottlied auf die Dummheit wurzelt hier schon ein Riss zwischen den Pro- und Kontra-Fraktionen der Neuzeit. Wenn man dann in den Siebzigern Schwaben verließ, um an den richtigen Unis in den echten Wertemetropolen Karriere zu machen, dann holte einen nicht selten dieser Refrain ein, als Test, der dazu diente, Farbe zu bekennen, ob man also noch biederer Traditionsschwabe war oder einer, der sich radikal losgelöst hatte vom Erbe der verstockten Hillbillys.

Da wir dabei sind, die winzigen und oft auch irrationalen Facetten aufzufinden, die den Wutausbruch vom Sommer 2010 mit beeinflussten, gilt es, verschlungene Wege zu gehen, die sich eventuell von Außenstehenden nur bedingt nachvollziehen lassen. Es führt einen an die Nahtstelle zwischen Fortschritt und Nostalgie und hin auch zu einer zutiefst widersprüchlichen Art von Heimweh. Es tangiert mehrschichtig private wie kollektive Gefühle und entzieht sich so einer logischen Darstellung.

Bevor also demnächst der Kopf aller württembergischen Bahnhöfe einer gewaltigen Prozedur unterworfen wird, wurden im Verlauf der letzten Jahre ohne Bürgerbeteiligung und Woodstock-Partys Dutzende kleiner Bahnhöfe aus dem Verkehr gezogen. Ein Stempel knallte, und der Fall war erledigt. Diese teilweise wunderschönen Bauten des 19. Jahrhunderts fungieren heute als aufgemotzte Edellofts für clevere Ökoarchitekten mit angegrautem Dreitagebart, als kuriose Dorfmuseen mit ein wenig Bahnromantik, als witzige Kneipen mit nostalgischem Ambiente oder als vom zähen Zeitzahn zernagte Industrieruinen einer untergegangenen Welt, die gelegentlich noch einem naturalistischen Aktionstheater als kurzweilige Spielstätte dienen. Oder sie stehen herum und bieten den lokalen Graffity-Helden eine hübsche Fläche, um so nichts- wie vielsagende Traumspuren zu hinterlassen.

Für die meisten der jungen Schwaben zählen die ungemütlichen und überreizten Siebzigerjahre zu eher schrecklichen Erinnerungen: angefangen vom klobigen heimischen Doppelhaus, den beklemmenden Schulhäusern, dem verlogenen Fachwerk der Kaufhausgranden, den öden Wochenmärkten, den musealen Pfaffenvillen, über all die heruntergekommenen »Goldenen Ochsen« bis hin zu den paar Kunschdhäusle und Buchläden. Wenig später kamen die Jungunternehmer daher mit City-Einkaufscentern, derentwegen Fußgängerzonen entstanden, tumbe und triste Konsumschneisen, vom Autogestank befreit, weil es halt damals schon schick war, gesunde Luft für unsterbliche Käufer zu schaffen und als Vorbild zu gelten für eine ökologisch korrekte Kundenpflege. Ebenso opportun war es, den vielen Migranten überteuerte Buden für ihre exotischen Produkte zu bieten: Döner, Gyros, Kebab, Pastrami, Burger, Fischbrötchen, Crêpes, als Nachweis gelungener Koexistenz, und weil die alle bei ein- und demselben Großhändler das Frittierfett und die Raumduftautomaten kauften, roch es vom Bodensee bis hoch nach Nördlingen überall gleich süß und unverwechselbar klebrig.

Die Ausnahme, in jeder Beziehung, lieferte der Bahnhof. Dort lief unbeirrt von Moden und Trends die ihm ureigene Melodie weiter, die akustische Basis, der unausrottbare Gestank, seine von zig Hitzesommern und klirrenden Wintern gezeichnete

Erscheinung, die meistens falsch gehenden Uhren, seine schmucklosen Wartesalons mit den giftgelben Gardinen und dem Aroma von Reval, Husten, Magenschnäpsen und Braten und Beilagen. Längst waren die Klassenunterschiede passé, nichts da von wegen ungarische Damen mit Pelzen und Gigolos mit Lederschuhen. Um 1970 saßen alle Klassen im selben Wartelokal, wo Tausende von Abschieden und Wiedersehen stattgefunden hatten und auch vergebliches Herumsitzen. Die verbeulten Schließfächer sahen aus wie die Innenseite von Ausnüchterungszellen, und die Flipperautomaten und Goldene-7-Kisten blinkten blöde und unermüdlich, bis jemand den Strom abstellte, denn gegen Mitternacht war dann auch der letzte Zug abgefertigt in jenen Kleinstädten, und das bedeutete auch das Ende des Tages für jene, die der abgeblätterten Romantik dieser melancholischen Stätte nachhingen. Unser Bubengymnasium lag genau gegenüber eines solchen Bahnhofs, und wenn man zum Träumen neigte und in Fensternähe saß, dann hatte man über lange Jahre hinweg nun mal ständig diesen grauen, öden Gründerzeitklotz im Blick. Letztlich verbrachte man dort drüben gedanklich weitaus mehr Zeit als dort, wo man körperlich saß und besser auch mehr Konzentration verwendet hätte – aber dieses Kommen und Gehen der Miniaturfiguren da unten, dieses ununterbrochene Straßentheater nahm man ständig zur Kenntnis, es schlich sich in subtiler Form in das Denken ein und ist auch heute noch jederzeit abrufbar.

Ständig kitzelte dieser Bahnhof mit seinen Geräuschen und seiner Lebendigkeit kühne Pläne in einem hervor. Reisen, abhauen, aufbrechen. Denn in unserer Törless-Zuchtanstalt hagelte es Strafen, absurde Ultimaten, Nachsitzen, Einträge, Verweise. Jedes Lachen erstickte, ständig warf einer von uns das Handtuch, es gab einen Selbstmord, viele Schulwechsel, spontane Abbrüche, diverse Amokläufe der zivileren Art, und ein paar verschwanden spurlos; es war so wie bei den zehn kleinen Negerlein. Und jeder Tag erinnerte beim Blick hinüber auf den Bahnhofsvorplatz aufs Neue daran: Banküberfall und nichts wie weg, zur Not auch mit der Transsibirischen Bahn, nur raus aus diesem Schwabenelend, weg von dieser Dummheit und Demütigung. Erschöpft vom ständigen Stresstest, gewöhnten wir es uns an, mittags in den nahen Stadtpark zu ziehen, rauchen, reden, dösen, träumen. Ein lokaler Schrotthändler bekam Wind von diesem Summerhill und leistete sich in der Südwest-Presse eine einseitige Anzeige, in der er allen Gammlern ein Freiflugticket nach Moskau anbot, mit sofortiger Wirkung, aber ohne Rückflug. Unsere Kleinstadt-Honoratioren, darunter auch viele Lehrer, fanden das eine irre witzige Idee, und wenig später war das Betreten des Parks verboten. So in etwa stand es 1970 um die Stimmung zwischen der bürgerlichen Mitte und jenen, die man am besten nach Winnenden, in die bekannte Irrenanstalt, schickte.

Passagier der Zukunft oder Endstation?

Gehen wir 40 Jahre weiter und stellen uns die Frage, wieso die S21-Befürworter glauben, dass der moderne Reisende, ob konservativer Geschäftsmann oder liberaler Freidenker, ob Außendienstler oder Kunsthändler, ob Schüler oder Lehrer, in Zukunft die Bahnstrecke Ulm–Stuttgart durch eine Serie von Tunnels befahren möchte, mit 250 Stundenkilometern unterwegs, ständigem Kunstlicht und dem Rauschen der Außenwände, um dann mit ein paar Minuten Vorsprung vor dem Früher am tiefergelegten Bahnhof einzutreffen. Ich frage mich, wieso die Planer und Kinetiker sich so sicher sind, dass sie mit dieser Cargo-Philosophie den Zeitgeist der ab

2035 reisenden Menschen treffen. Nun bin ich diese Strecke Dutzende Male gefahren und habe immer erlebt, wie ab Geislingen und Süssen das Tempo gedrosselt wird und man so langsam weiterzottelt, als ob ein paar berittene Posträuber den Lokführer in ihre Gewalt gebracht hätten. Für den smarten Jungmanager mit seinem gespickten Terminkalender mag das natürlich eine Katastrophe sein. Andererseits aber bemerke ich jedes Mal, dass angesichts der paar Bummelkilometer hartgesottene Laptop-Nerds wie verwandelt wirken und auch geübte Weltreisende aufmerken. Sie legen ihre Unterlagen zur Seite oder nehmen das Besteck aus dem mausgrauen Convenience-Geschnetzelten. Denn hier gibt es etwas zu sehen, ob eine verschneite Winterlandschaft oder sattgelbe Rapsfelder oder eine Herde zotteliger Albschafe. Kinder hören auf, am Daumen zu lutschen, wildfremde Leute stellen anderen Fragen über diese imposante Albtrauf-Gegend, die Mitropa-Kellner in den Bistrowaggons vergessen kurz mal ihren Service, und am liebsten würde einer die Notbremse ziehen, um eine kurze Pause einzulegen. Es ist einfach die schönste und kontemplativste Etappe zwischen München und Paris, und genau hier soll der Krake S21 ansetzen, und die Züge werden bald mit »la grande vitesse«, volle Pulle durch klaustrophobische Betonröhren fliegen und dann hineinrasen in den unterirdischen Tiefkomplex. Dort gibt es dann Lifts, Rolltreppen oder chilenische Einmannkapseln, mit welchen die Passagiere der Zukunft wieder an die Oberfläche gelangen. Wollen diese Passagiere tatsächlich wie Cargo-Roboter des 21. Jahrhunderts befördert werden und sich flexibel und vollvernetzt ihren Weg ins »Gscheffd« bahnen lassen?

Selbst dem in Loslass-Meditationen geübten Heiner Geißler war es im Verlauf der Schlichtungsdebatten anzumerken, dass er keinerlei echten Sinn darin erkennen mochte, diese Strecke den Formelakrobaten der DB-Verkehrsplaner zu überlassen, die ihre Magistralen-Sinfonien auf den vielen bunten Folien aufmalten. Fakt ist, dass man bei Fahrten mit der Bahn in der Regel die ganze Zeit über seine Espressotasse festhalten muss wie der Seewolf seine Kartoffel und dass die handschriftlichen Notizen so aussehen, als ob ein Kleinkind alle seine Bleistifte auf dem Papier abgebrochen hätte.

Speziell auf dieser Strecke rumpelt und kracht alles, es quietscht und ächzt, und wenn der geschundene ICE dann in Stuttgart ankommt, müssen meistens Kupplungen und Radlager ausgetauscht werden. Im Großen und Ganzen erinnert einen das an die Strecke Kattowitz–Minsk kurz vor dem Abgesang des Ostblocks.

Wie auf diesen maroden Schienen bald die wahnwitzigen Euro-Rekordzeiten erreicht werden sollen, will sich mir nicht erschließen. Ich kann mir nur ausmalen, welche Summen dann nachgefordert werden für den überfälligen Neubau all der Schienenkilometer, wenn erst einmal Tatsachen geschaffen und die Tunnels angebohrt sind und Ingenhovens ästhetische Bullaugen-Brigade die Stuttgarter Büros bezogen hat.

Ich glaube, wie gesagt, nicht, dass die Schwaben hauptsächlich wegen der genannten und vor allem wegen der befürchteten Milliarden auf die Barrikaden gehen. Ich denke, sie wollen vor allem, wie jeder andere halbwegs klar denkende Steuerzahler, für einen kompletten Unfug keine Unsummen hinlegen; vor allem nicht, wenn man kalt lächelnd ihren Namen auf den Auftragszettel schreibt und ihnen gleichzeitig mit Wasserwerfern beibringt, dass eine weitere Mitarbeit ab jetzt nicht mehr benötigt wird.

Zum wachsenden Misstrauen gegenüber dem landeseigenen Immobilienfilz addiert sich jenes gegenüber dem Bahnmanagement. Die aktuelle Performance besteht ja bekanntermaßen aus Börsenwahn, internen Überwachungsskandalen, technischen Debakeln und Pannenserien und einem Global Playing, welches in wahrhaft angelsächsischer Güte aus den Lautsprechern ertönt: »Ze Wiggend Tiggeds ar todee hier nod guildy!« So möchte man das Dauerlächeln des DB-Mitschlichters Volker Kefer gerne als Zeichen von Galgenhumor und Selbstironie deuten.

Als die Kanzlerin S21 zur Schicksalsfrage des 21. Jahrhunderts aufbauschte, erklang das »Nein« der Schwaben so heftig und abrupt, als ob es von Menschen käme, die schon tausendmal »Nein« dachten und doch immer wieder ein zerknirschtes »Ja« abgaben. Zum aktuellen Frust gesellte sich ein schlechtes Gewissen. Seit 500 Jahren hatte man klein beigegeben und einem fast genetischen »Goschhalten« die Treue gehalten. Jetzt aber schien diese mentale Einbahnroute am Ende angekommen zu sein, der Bogen war einfach überspannt worden, und diese Monrepos-Demokratie erwies sich als Fassade, hinter der sich die Volksvertreter andienten, um reibungslose Spätzle-Deals in die Wege zu leiten.

Die Schwaben, allgemein

Ein Großteil der Schwaben ist von jener Natur, aus denen zynische wie eloquente Durchreisende wie etwa Heinrich Heine sich mit Leichtigkeit eine typische Mentalität erdichten. Und in den vielen höhnischen Charakterskizzen der letzten Jahrhunderte kommen sie auch ganz schlecht weg. Sie erscheinen als bornierte, selbstgefällige, mürrische, behäbige und ruppige Provinzmenschen. Sie erinnern an lebende Wasserwaagen, wirken gutmütig, kunstlos und rundum fad. Auch liest man immer wieder über opportunistische, angepasste und meinungslose Heuchler, geborene Bücklinge und Untertanen, die dem Stiefeltritt des Königs entgegenlechzen und dies später an jenen ausleben, die hierarchisch unter ihnen sind. Fragt man Leute aus den benachbarten Ländern, dann wissen die: Schwaben sind verängstigt, ordnungsvernarrt, penibel, sie denunzieren gerne und sind mit nichts zufrieden, sie sind neidisch und missgünstig, sie geben nichts ab, sie schaffen bis in die Puppen und bruddeln vor sich hin, sie tüfteln an absurdesten Dingen herum und putzen viel und freudlos; auch weil sie glauben, dass Gott, dem nichts entgeht, ihnen deswegen eine himmlische Suite zuweisen wird. Sie haben keine hohe Meinung von sich und von den anderen eine noch geringere. Zu ihrer Grundhaltung gehöre das unvermeidliche Götz-Zitat, was den Daimler-Chef Dieter Zetsche zu der Aussage verleitete: »Manchmal genügt es, kein Arschloch zu sein, was viele Manager aber noch nicht begriffen haben.«

Der sprichwörtliche Geiz schlägt sich im Volksmund nieder, der sagt: »Lieber zehn Minuten geschämt, als ein großes Geschenk gemacht.«

Aber solche Bilder von Volkspsychen sind stets zwischen nett gemeintem Spott und leerem Allgemeingeschwätz angesiedelt. Man sollte darauf nichts geben. In der Tiefe der schwäbischen Seele wohnt indessen ein machtvoller Idealismus, der mit Trotz gepaart meint: Das Leben, selbst das sinnloseste, muss einen Sinn haben. Dazu kommt ein ebenso machtvoller theodiktatorischer Perfektionismus, der für die unzähligen, großartigen und genialen Schöpfungen dieses Menschenschlags steht. Bis in das 17. Jahrhundert hinein werden die Schwaben als fröhlich, sinnlich, lebenslustig, trinkfreudig und erhaben-leichtsinnig geschildert. Die große Zäsur erfolgte mit dem Erscheinen des Pietismus. In wenigen Jahren erfuhren die Württemberger die völlige Umwertung ihres bisherigen Lebensstils. Anstelle von unbekümmerter Lebensfreude zogen Schwermut, Schuldgefühle und eine fast absurde Arbeitsethik in die Seele ein. Wie Bundespräsident Theodor Heuss einmal in Bezug auf diesen totalen Seelenumbau anmerkte, sind die Schwaben »vielleicht der komplizierteste, gewiss aber der spannungsreichste unter den deutschen Stämmen«. Ohne das Element des Pietismus aber führt kein Weg zum kurzen Anarcho-Sommer von S21 und auch keiner zur Erklärung der ganzen Wahrheit dahinter.

Glanz und Elend des Pietismus

Bevor die Missionare des Pietismus so etwa ab 1700 in Württemberg tätig wurden, herrschten dort große materielle Not und eine tiefe seelische Leere. Es gab Äcker voller Steine, schiefe Bäume, uralte Felsformationen, ein paar abgemagerte Tiere, der Wind blies kräftig und kalt, und in den Behausungen saßen kinderreiche Familien um eine Kerze herum. Der Dreißigjährige Krieg hatte zudem den Glauben an einen Gott erschüttert. Unten in Stuttgart und Ludwigsburg wurden die Erlöse der Landbauern in zügellose Partys umgewandelt. Tausende von Fackeln illuminierten die herzoglichen Gelage und lüsternen Bälle, mit denen man versuchte, die Versailler Event-Schickeria zu beeindrucken. Denen aber galt der schwäbische Parvenü-Zirkus als Provinzposse, und zudem stand dem Hof des Sonnenkönigs immer weniger der Sinn nach mehr und neuer Dekadenz. Voltaire, Rousseau und Diderot machten von Paris aus klar, dass der Monarchie die Stunde geschlagen hatte und Frankreich und bald ganz Europa vor einem sozialen Quantensprung standen. Einen Bastille-Sturm hatten die Schwabenkönige nun nicht zu befürchten. Und zudem wussten die Kontrolleure stets, was die eher isoliert agierenden Querköpfe und Störenfriede trieben. Die Schulen fungierten als »Sklavenplantagen«, wie Schiller es nannte, Klöster und Stifte, wurden eiskalt, humorlos und straff geführt, um die geistige Elite fest an den Pietismus zu binden. Dorf für Dorf wurde von der neuen Pfaffengeneration besetzt und missioniert und die Leck-mich-Zweifler rasch eines Besseren belehrt. 90 Prozent der Schwaben lebten um 1750 auf dem Land, und im Regal stand die Luther-Bibel, wo alles zu finden war in Sachen göttlicher Heilsplan, Leib Christi und Dienst am Herrn. Ohne nennenswerte Gegenstimme oder Bürgerinitiativen entstand bis 1830 im Schwabenland eine fundamentalistische Gottesgesellschaft von Menschen, die bedingungslos zu dienen versprachen, die aufrichtig zu sein hatten, fleißig, tadellos, ehrlich und unverstellt. Dem Herzog und seiner Pfaffenarmee gelang es, den Untertanen bis ins Mark ihres Herzens einzuschärfen, dass Gott alles sieht, alles weiß, alles ahnt und alles ahndet und dass jede Lüge bestraft werden wird. Seit jener Zeit und bis ins Hier und Heute ist es dem dieserart erzogenen Schwaben klar, dass es bei Sünden und Verstößen kein Entkommen gibt. Mag vielleicht eine Flucht gelingen, wartet spätestens in der nächsten Kurve das Wort Gottes oder die herzögliche Gendarmerie, und dann ist die Reise beendet, und der Weg führt zum Hohenasperg oder nach Stammheim. Die Lektion: Aufbegehren lohnt sich nicht!

Beurteilt man also den Klischeeschwaben, dann muss man diese tief in der Seele verankerte Angst kennen. Politik und Kirche erstellten damals schon einen Wust an Geboten, Verboten, Vorschriften, Hausordnungen und einen bis ins lächerlichste Detail durchstrukturierten Moralkodex; ob Tanz, Glücksspiel, Trinkgelüste, Rauchen, Schlägerei, Fluchen, Zuspätkommen, Rasenbetreten, Kleiderordnung, Unterrichtstören, Schwarzfischen, systemfeindliches Schreiben – unerbittlich waltete die Staatskirche und reglementierte das gesamte Leben bis in die intimsten Seelenbereiche. Du darfst! Du darfst nicht! Du musst! Du hast gelogen! Ich hab alles gesehen! Gestehe! Kein Winkel des Ichs blieb unbeobachtet, es gab keine Erlösung, keine Gnade, keine Beichte, kein Versteck, keine Ausrede. Viele Menschen fügten sich diesem Psychoterror, dienten mit der geballten Faust in der Tasche und warteten auf den Tag der Abrechnung. Andere wählten den Amok, den Weg der blinden Wut, eine schwäbische Eigenart, auf die wir noch zu sprechen kommen. Nirgendwo sonst in der großen Welt hat die Laienbewegung des Pietismus derart tiefe Spuren hinterlassen. Seine Opfer arbeiten viel, aber niemals für den eigenen Wohlstand. Unablässiges Schaffen soll diesen unsichtbaren Gott gnädig stimmen. Der ganze Fleiß aber darf keinerlei Freude erzeugen, sondern führt zu Leid und Leiden. Der Ertrag, das mühsam erbuckelte Geld ist aber wertlos, weil es im Diesseits nichts zu suchen hat, es ist ein Schatz für ein wirres anderes Reich. Thaddäus Troll sagt: »Der Wert eines Schwaben bestimmt sich aus dem Arbeitswillen. Das frühe württembergische Unternehmertum wusste pietistische mit merkantilen Tugenden zu vereinen: Gottesfurcht mit Erwerbssinn, Bibeltreue mit Utilitarismus, persönliche Bedürfnislosigkeit mit Anforderungen an die Mitarbeiter.«

Umso bemerkenswerter ist es, wie viele Männer sich dann doch freimachten, sich querlegten, aufmuckten und offen gegen den Polizeistaat revoltierten. Schubart, Schiller, Kurz, List, Herwegh – sie alle riskierten mehr als ein Bußgeld oder eine Fünf minus. Da ging es immer gleich um Hausdurchsuchung, Verhaftung, Knast, Flucht, Berufsverbot. Die meisten von ihnen hängten früh ihre Pfarrerkutte an den Nagel von Maulbronn oder Tübingen und entschieden sich dazu, Schriftsteller zu werden. Dadurch entkam man der Galeere und konnte vor allem auch agitieren und den anderen auf die Sprünge helfen.

Die Schwaben und das Buch – ein Kapitel für sich

Als ich Ende Dezember ein wenig durch Stuttgart spazierte und später wegen der bitteren Kälte ein Taxi nahm, saß da ein netter Mann hinter dem Steuer, so 40 Jahre, der mir erzählte, er sei bei den Parkschützern und plane ein Buch zu schreiben über den Sommer 2010, die Bullen, die Mappus-Mafia und die wahren Hintergründe. Minuten später berichtete mir in ein Galerist, ein älterer Herr, der gerade von einer Flusskreuzfahrt zurückgekommen war, Luxor, Memphis, Kairo, und viele Fotos auf der alten Kodak gemacht hatte, dass er auf jeden Fall ein Buch daraus machen werde, für den Verlag Cantz oder Cotta vielleicht. Ein alter Freund, inzwischen Hotelier in Flughafennähe, schwärmte am Abend über seine oft so witzigen Gäste, die bei ihm absteigen, Modeleute aus London, Schauspieler, Manager und überhaupt, verrückte Geschichten, Anekdoten und frivoler Gossip, und ob wir nicht zusammen daraus mal ein Hotel-Edelbuch machen sollten, im Coffee-Table-Stil. Ich kenne das nun seit Ewigkeiten. Kaum hat man einer Schwäbin von einem außerordentlichen Erlebnis erzählt, dann dauert es keine zwei Sekunden, und es heißt: »Du, du musst daraus unbedingt ein Buch machen!« Ein Mensch dort zählt erst richtig etwas, wenn er seine Existenz zwischen zwei Deckeln eingesargt hat.

Ganz Württemberg träumt seit Ende des Dreißigjährigen Kriegs von nichts anderem als »dem« Buch. Es ist zwischen Neckar, Donau und Bodensee und dem Kloster Neresheim eigentlich immer dasselbe Buch; es ist wie die fette, amselschwarze Bibel, die überall unsichtbar und drohend herumhängt, in jeder Wohnstube, jedem Schulzimmer, jedem Omnibus, jedem Amtszimmer. Dieses ganze Bundesland will ein Buch schreiben, DAS Buch, die Bibel III, das Testament X; mindestens 2000 Seiten, so wie Ernst Bloch beim »Prinzip Hoffnung«, ein Werk, welches so auch nur im Schwabenland entstehen konnte.

Und wenn man als Mann einfach keine Lust hat, ein Buch, so ein opulentes, fettes von Bekenntnissen strotzendes Testament zu schreiben, dann kann es passieren, dass eine echte Schwäbin noch ein allerletztes Mal warnt, entweder du schreibst dein Buch jetzt oder ich gehe weg, wobei sie sich natürlich als Hauptfigur anmeldet.

Seit vier Jahrhunderten vibriert es in den Höhlen dieser quellenreichen Karstlandschaft. Ein jeder geht schwanger mit seinem Evangelium, dem größten aller Bücher, dem einzigartigen und moralisch unanfechtbaren Werk. Liest man die Heimsuchungen des jungen Schiller, Hölderlin oder Hesse – und ich könnte jetzt noch Dutzende an großartigen Dichtern hinzufügen –, dann beweist sich auch jenes erwähnte Grundmuster, dass ein Schwabenleben keinen Sinn hat, wenn es nicht veredelt wurde durch das Höchste – nämlich der Welt Bericht erstattet zu haben, vom Leid, vom Drama, von der Entbehrung. Und so finden wir als Leser dort selten schnoddrige Short Storys im Stile Chandlers oder die federleichten Spielereien eines Balzac, geschweige denn die saftigen Ausschweifungen Henry Millers. Schwabenwerke sind selten leichte Kost und entsprechen in ihrer Art den Steinen der Albäcker.

Der vom Pietismus in hohen Dosen eingeimpfte Idealismus treibt den Schwaben auch dazu an, das private Glück dem großen Ganzen zu opfern. Denken wir nur einmal an Schillers rabiaten Umgang mit seiner ohnehin fragilen Natur; an Hesse, den zähen Hypochonder und auch an den bis zur Erschöpfung wühlenden Kraftholzschnitzer Grieshaber, um dessen Atelier auf der Reutlinger Achalm herum es sich immer anhörte, als wäre ein Rudel Wildschweine in ein Sägewerk eingebrochen. Voller Körpereinsatz im Dienst des Ganzen, also der Menschheit versteht sich, so geht Idealismus, und darunter lohnt sich das Anfangen nicht. Lieber schindet man sich wochenlang mit einer wahren Botschaft an all die verirrten Seelen ab, als mal ein Dorf weiter, in Bad Überkingen, in ein Aroma-Hamam zu gehen und sich danach ein paar Lomi-Lomi-Heuwickel zu gönnen.

In seltenen Fällen geschieht dieser Idealismus, diese bewundernswerte Hingabe mit letzter Konsequenz auch ohne Buch. Im Falle von Hans Georg Elser, ein Verwandter mütterlicherseits, auf den ich sehr stolz bin, wäre ein Buch auch nicht so richtig am Platz gewesen. Anders als seine schwäbischen Kollegen des Hitler-Widerstands, etwa die Familie Scholl oder Stauffenberg, nahm der 1903 in Hermaringen geborene Schreiner die Sache selbst in die Hand. 1937 erkannte er, dass Krieg und Diktatur unausweichlich sein würden: »Die von mir angestellten Betrachtungen zeitigten das Ergebnis, dass die Verhältnisse in Deutschland nur durch eine Beseitigung der augenblicklichen Führung geändert werden könnten. Unter der Führung verstand ich die ›Obersten‹, ich meine damit Hitler, Göring und Goebbels. Durch meine Überlegungen kam ich zu der Überzeugung, dass durch die Beseitigung dieser drei Männer andere Männer an die Regierung kommen, die an das Ausland keine untragbaren Forderungen stellen, die kein fremdes Land einbeziehen wollen und die für eine Verbesserung der sozialen Verhältnisse der Arbeiterschaft Sorge tragen werden.« Und so kamen bei Elser nahezu alle schwäbischen Eigenschaften in ihrer positiven Zusammensetzung zum Tragen; auch jene des Perfektionismus, die vom Fanatismus kaum noch zu trennen ist. Er kündigte seinen Job, wurde Arbeiter in einem Steinbruch, um sich so Sprengstoff zu besorgen. Im Sommer 1939 zog er nach München – also in jene Stadt, in der sich die Stuttgarter von ihrer eingebildeten Zweitklassigkeit erholen – und mietete in der Türkenstraße eine kleine Werkstatt, in der er in akribischer Kleinarbeit einen Zeitzünder konstruierte. Ab August 1939 wurde er Stammgast im Bürgerbräukeller und wartete allabendlich eine günstige Gelegenheit ab, um sich unbemerkt in der Besenkammer zu verstecken. Dort verharrte er noch mehrere Stunden, bis das Gasthaus abgeschlossen wurde. Insgesamt 30 Nächte lang höhlte er dort eine Säule aus, um die Bombe mit Zeitzünder darin zu deponieren. Die anfallenden Späne versteckte er in einem zusammengerollten Teppich. Am 8. November explodierte die Bombe auf die Sekunde genau um 21.20 Uhr. Denn an jenem Abend fand eine lang angekündigte Rede Hitlers statt. Da dieser wegen schlechten Wetters seine Rückfahrt nach Berlin umdisponierte, redete er etwas kürzer und verließ den Saal 13 Minuten vor der Explosion. Diese verwüstete den Saal, tötete acht und verletzte 63 Besucher. Für Elser endete der Abend nach einer Fahrt mit der schwäbischen Eisenbahn an der Schweizer Grenze, wo er gegen 20.45 Uhr auf deutscher Seite vom Zollgrenzschutz in Konstanz festgenommen wurde. Die unglaubliche Systematik, mit der Elser vorgegangen war, ließ Hitler bis 1945 fest daran glauben, dass hier nicht ein schwäbischer Solotüftler am Werk gewesen war, sondern die hellsten Köpfe des britischen Geheimdiensts mitmischten. Also befahl er: »Ich möchte wissen, um was für einen Typ es sich bei diesem Elser handelt. Man muss den Mann doch irgendwie klassifizieren können. Berichten Sie mir darüber. Im Übrigen wenden Sie alle Mittel an, um diesen Verbrecher zum Reden zu bringen. Lassen Sie ihn hypnotisieren, geben Sie ihm Drogen; machen Sie Gebrauch von allem, was unsere heutige Wissenschaft in dieser Richtung erprobt hat. Ich will wissen, wer die Anstifter sind, ich will wissen, wer dahintersteckt.« Als Lieblingsgefangener des Führers wurde Elser Ende April 1945 in Dachau erschossen.

Warum dieser Umweg? Es führt eine zarte, oft widersinnig oszillierende Linie von den Steinäckern des Härtsfelds, den pietistischen Frömmigkeitsmühlen des Tübinger Stifts oder des Klosters Maulbronn über Schillers »Räuber« und Hölderlins »Hyperion« zu den kinetischen Räder-Industriellen des Aufbruchs wie Benz und Porsche, zu dem Amoklauf Wagners, dem göttlichen Träumer Einstein, dem Zeitzünder Elser, zu der sich subjektiv in den Dienst der Gerechtigkeit stellenden Guerilla der RAF, zu dem Weltverbesserungs-Jasminteerunden der grünen Ökodamen und all den dualen Mülltrennern bis zu eben jenen, die im Sommer 2010 monatelang das »Obenbleiben« forderten und das Ende der Lügen. Fortsetzung garantiert? Wer weiß?

In all diesen Fällen ist es so, dass die schwäbische Form des Widerstands geprägt ist von einem unbeirrbaren Glauben an etwas Höheres, den Weltgeist, den Atem Gottes, und sich die tiefe Sehnsucht ausdrückt, dass sich die Menschen in Frieden leben lassen, ihr Betrügen und Raffen beenden und endlich jene moralischen Tugenden an den Tag legen, die sie so gerne im Mund führen bei nächtlichen Gebeten, bei öffentlichen Festreden oder beim blasierten Verkünden der tiefen Betroffenheit, wenn sich – was in Württemberg seit Jahren beängstigend zunimmt – Familientragödien ereignen oder Amokläufe der gehobenen Kategorie.

Jene Risse, welche die schwäbische Seele durchziehen, geben wenig Anlass, an die große Aussöhnung im Weinberg des Herrn zu glauben. Weitere Zerreißproben stehen an, denn wer einmal über das Kuckucksnest geflogen ist, lässt sich nicht so schnell von einem ausgehängten Vogelfutterbeutel einfangen; vor allem nicht, wenn er sich für einen Adler hält.

Bis vor wenigen Jahren war allein der Riss zwischen Protestanten und Katholiken in einem hundsnormalen schwäbischen Kuhdorf so dominant, dass diese beiden Fraktionen nichts miteinander zu schaffen haben wollten. Bis heute verzeihen es die Protestanten dem Kaiser Napoleon nicht, dass er zu Beginn des 19. Jahrhunderts aus dem Herzogtum das Königreich Württemberg schuf und komplett ahnungslos dafür sorgte, dass mit der Integration von Oberschwaben und den vielen neuen Reichsstädten im fast reinrassigen pietistischen Land der katholische Bevölkerungsanteil über Nacht auf ein Drittel anwuchs. Aus jener Zeit stammt auch die Posse von einem alten Pietisten, dem früheren Bürgermeister eines kleinen Orts, der auf dem Sterbebett lag. Da er seine letzte Stunde nahen sah, rief er nach einem Pfarrer und verlangte zum Entsetzen der versammelten Trauergemeinde, dass er zum Katholizismus übertreten wolle. Nachdem der Tumult sich gelegt hatte, meinte er mit schwacher Stimme: »Besser es stirbt doch einer von denen als einer von uns.«

Die heimliche Heimat der Rebellion

Schwaben strotzt vor Wolkenpoeten, wütenden Pfaffen, Schwärmern, Freigeistern, Meuterern und Maulhelden. Da fällt dem flüchtigen Besucher natürlich Schiller ein: »Sir, geben Sie Gedankenfreiheit!«, was auf einer Bühne schnell dahergesagt ist. Oder Mörike: »Immerdar durch Tränen seh ich der Sonne liebes Licht.« Und was soll das bitte mit Rebellen zu tun haben? Das ist ja Kifferlyrik im besten Fall. Eigentlich stehen die Schwaben genau für das, was Heiner Geißler im November 2010 praktiziert hatte, den Ausgleich und die Versöhnung der Gegensätze als metaphysisches Urmotiv. Und als Soundtrack für das nette hegelianische Miteinander könnte man Cat Stevens auflegen – »Father and Son« –, das klingt zudem schön, und nach ein paar Trollingern verliert man auch irgendwie die Lust am Streiten und vertraut am Ende eines langen Zweifeltages des reifen Schillers Tell, dessen Zitatenschatz einen weiß Gott nicht auf die Barrikaden treibt: »Der kluge Mann baut vor«, »Jeder gehe seines Weges«, »Die Zeit bringt Rat«, »Fasst euch in Geduld.« Da lässt man doch besser die Axt im Haus? Es sieht so hübsch und unerträglich friedlich aus, wenn man gemütlich über die Dörfer der Alb fährt, Häusle bauen, Sport machen, günstig einkaufen, ins »Gscheffd« gehen, Straßen kehren und den Herrgott einen guten Mann sein lassen.

Doch dann sieht alles ganz anders aus. Betrachtet man sich die Männer des Widerstands – und dieser kleine Essay kann nicht sehr viel mehr leisten als eben eine solche Betrachtung –, stößt man auf Biografien, die meilenweit entfernt sind von den Klischees und betulichen Mentalitätsschilderungen. Männer betreten die Bühne, die nichts halten von der Idylle der Versöhnung, vom komfortablen Durchlavieren oder lahmherzigen Abtauchen. Man entdeckt konsequente, eigensinnige und kompromisslose Figuren mit einer erstaunlichen Kraft zum Widerstand. Fast alle gerieten in existenziell bedrohliche Konflikte mit dem Gesetz. Das mag dazu beitragen, dass sie oft mit dem Beiwort »verkannt« lebten und heute noch leben müssen. Erkannt wurden sie in ihrer Zeit am ehesten von den Frauen, den wunderschönen schwäbischen Damen, den Southern Belles mit ihren stets etwas beleidigten Kusslippen, den leuchtenden Augen, die honigbraun in pfirsichweichen Wangen liegen. Viele von ihnen waren gut versorgt, in adligen oder großbürgerlichen Häusern und als Kontrast zu ihren selbstzufriedenen und wohlgenährten Honoratiorengatten, die geräuschvoll die Hände rieben angesichts des mit Reh gefüllten Hirschrückens in der sonntäglichen Sterlingschale, fanden sie diese Outlaws da draußen in ihrem Kampf gegen alle Wetten ziemlich sexy. Diese Männer waren wenigstens anders, nicht so dick und ziemlich hübsch auf ihre Art, zur Not eben innerlich und klug und unbestechlich, sie kümmerten sich herzlich wenig um die Rabattmarken-Variante des Lebens und sonstige Konventionen und riskierten wegen ein bisschen Wahrheit immer gleich ihr ganzes Leben.

Es stellt sich nun die Frage, wie sich diese wütenden Autorenmänner, Moser, Ratgeb, Kepler, Wieland, Uhland, Schubart, Strauß, Vischer, Kurz, Herwegh, Blumhard, Hesse, Schiller, Hegel und Hölderlin, und die vielen anderen spannenden Einzelkämpfer angesichts des 2010-Sommers verhalten hätten. Hätten sie Steine geworfen oder Kastanien? Petitionen unterschrieben? Sich mit aller Entschlossenheit eingemischt? Sich in einen Ausschuss wählen lassen? Mit Tanja Gönner ein Interview im Thermalbad gemacht? Das Ganze von Paris aus als Provinzposse ignoriert und sich wieder ihrem großen schwarzen Buch zugewandt? Mit Cem Özdemirs Talkshow-Helikopter ein paar Runden gedreht und etwas mit ihm für den »Stern« gemacht oder die »taz«? Sich über das dreitagebärtige Dauergrinsen von Volker Kefer amüsiert? Einen eigenen Kopfbahnhof eröffnet? Sich an Trauerweiden angekettet? Sich bei Anne und Maybritt das Schreddergeschwätz eines Dirk Niebel angetan? Die Grünen gewählt oder einen Volksentscheid gefordert? Parallelen entdeckt zur jakobinischen Zeitenwende oder zu den trügerischen Hoffnungen der 1848er-Republik? Oder wären sie einfach losgelaufen, abgehauen, zu Fuß, über die Alpen, nach Arkadien, wo man mit Hirten und Schafen und sinnlich gestimmten, schönen Frauen ausruhen kann und träumen darf von der Heimat, in der noch keiner war?

Sicher wäre es einem von ihnen aufgefallen, dass in der Vergangenheit ungelöste Vorfälle und unerlöste Komplexe irgendwann und irgendwo wieder an die Oberfläche zurückkehren und sich mit großer Beharrlichkeit neu auf den Marktplatz stellen; so etwa wie der Vater des Grünschlichters Boris Palmer, der legendäre Obsthändler und Remstal-Rebell, der in den Siebzigerjahren die schwäbischen Marktplätze zu Agit-Prop-Straßentheaterbühnen umfunktionierte und burschikose Redefreiheit zelebrierte. Ähnlich dem Modell einer menschlichen Einzelpsyche rattern die Züge mit ihren ungelöschten und verfaulenden Ladungen über die Schienen und Trassen und durch die Tunnels des Unterbewusstseins, verheddern sich in Weichen, Abstellgleisen und Rangierbereichen, verursachen Staus oder sonstige Betriebsunfälle, verschwinden wieder im Nichts und suchen führerlos das Weite. Aber eines Tages kommen sie doch wieder zum Vorschein und reihen sich als Albtraum in den eben erst halbwegs geordneten Fahrplan ein, um ein neues formidables Chaos zu erzeugen.

Ein einzelner Zug dieser Sorte lässt sich da zur Not verkraften, aber es gibt Indizien, dass sich derzeit mehr bewegt in großer Unordnung.

Reutlingen – Calw – die Route der Steppenwölfe

Den Reutlinger Hermann Kurz, ein Stiftler, logisch, kann man sich als einen von Kris Kristofferson gespielten Wildwestprediger vorstellen. Er beschrieb die Haltung seiner Generation gegenüber der württembergischen Obrigkeit im Jahre 1842 so: »Es liegt in unserem Charakter, dass wir nicht leicht Dinge und Personen trennen; daher jene Schroffheit in politischen Fragen; denn wer das ganze Gewicht seiner Persönlichkeit daranhängt, für den gibt es keine Ausgleichung, keine Versöhnung.« Das ist Klartext und hört sich nicht gerade nach Schlichtung an. Ein Freund von ihm, der Stuttgarter Wirtssohn und Lyriker Georg Herwegh, ein Stiftler, versteht sich, der auf Zeichnungen aussieht wie Bob Dylan in »Pat Garrett jagt Billy the Kid«, fasst sich im selben Zusammenhang ein paar Wochen später relativ kurz: »Wir haben lange genug geliebt. Und wollen endlich hassen!«

Das kann jeder sagen, wenn ihm eine Laus über die Leber gelaufen ist. Nur so viele normale Läuse kann es gar nicht geben, um zu glauben, dass es sich hier um spontane Wutausbrüche handele. Und diese

Männer kamen auch nicht als »wild bunch« von der Alb herunter, um Banken zu überfallen oder aus Langeweile heraus Stunk zu machen.

Im Gegenteil. Sie gehörten zur Elite des Landes, genossen die beste Ausbildung und sollten danach Gott und dem Staat dienen.

Herwegh, der deutsche Byron, desertiert, flüchtet ins Schweizer Exil, verfasst den grandiosen Lyrikband »Gedichte eines Lebendigen« und beschreibt darin den großen Umbruch jener Tage, das Ende der Goethezeit, den Beginn der Industrialisierung und eine einsetzende Phase der vielfachen Entzweiungen und Zerrissenheit. Nur weil die Geliebte des württembergischen Herrschers einen Narren an ihm gefressen hatte, kommt der Freund von Karl Marx gerade noch so um den Hohenasperger Knast herum und leistet sich im Übermut auch weitere solcher Zeilen: »Reißt die Kreuze aus der Erden! Alle sollen Schwerter werden, Gott im Himmel wird verzeihn …« Nichts ist diesem Matador der Freiheit heilig, nicht das Stift, kein König, kein Herzog, kein Bismarck – wo er hinschaut, nur Diktatur und Dummheit.

Einige der frühen Zeilen des 1877 geborenen Calwer Missionarsbuben Hermann Hesse besagen in etwa, dass es seltsam ist, im Nebel zu wandern, dass Leben Einsamkeit heißt und kein Mensch den andern kennt, weil jeder allein ist, und diese Zeilen könnte man problemlos in das Songbook der »Strange Days«-Doors einschmuggeln. Hesse wächst nun in jenes neue deutsche Reich hinein. Sein weiß Gott nicht genial geschriebenes »Unterm Rad« enthält indessen alles, was mit einem schwäbischen Schwärmerbuben geschieht, wenn er nicht so ganz auf Linie liegt. Die ersten Bewertungen von Eltern und Lehrern lauten: cholerisch, übersensibel, überspannt, gefährlich, lebensunfähig, geisteskrank, verwahrlost, in Satans Besitz. Er wird geschlagen, eingesperrt, zur Schnecke gemacht, denn er soll es ja besser haben. Er soll Pfarrer werden, das übliche Programm, Landexamen, Maulbronn, ein Mann Gottes, ein erfolgreicher »Gscheffdle«-Macher, ein angesehener Bürger der Stadt. Er wehrt sich, versucht sich umzubringen, versucht sich anzupassen, er stellt sich tot, er übt sogar das Funktionieren, scheitert, neue Strafen, neue Schikanen, noch ein Selbstmordversuch. Dann haut er ab, er geht und geht, lange Wege, folgt toten Schienen, einsam, ratlos, verzweifelt, ein On-the-road-Taugenichts, verkannt, kein Blick zurück, tiefe Trauer, ohnmächtige Wut, keinerlei Perspektive, keine Erlösung in Sicht, nur definitiv Schluss mit Fachwerk, Mostkeller, Butterbrezeln und dem pietistischen Gebetebrei. Er kann nicht wissen, dass er bald in 60 Sprachen übersetzt sein wird, 150 Millionen Bücher und noch viel mehr verkaufen wird und im Dezember 1946 – da ist er 69 Jahre alt und kurz in der Schweiz – einen Nobelpreis erhalten wird, dessen Motive er in ihrer Fadenscheinigkeit kurz nach der Hitlerära durchschaut. Er bleibt dem noblen Stockholmer Klimbim fern und schreibt an seine Frau, dass der Teufel den verfluchten Kram holen soll. So etwas ist die Krönung einer wahren Schwabenseele: Die lange ersehnte bürgerliche Anerkennung mit einer unbestechlichen Nicht-mit-mir-Verachtung zu quittieren.

Am Tiefpunkt seiner Lebenskrise rettet auch er seine Haut mit dem allerletzten Mittel der Schwabenseele, dem Buch, der Anklageschrift, dem Plädoyer, der Selbstbehauptung. Im Zug dessen hat er uns den »Steppenwolf« geschenkt, einen Einblick in die gespaltene Schwabenseele, halb domestizierter Bürger, halbwildes Tier. Da streift dieser klapperdürre, missmutige Zeitgenosse mit seinem Ekel vor der spießigen Behaglichkeit über die windigen Ebenen, über Eis und Finsternis, vorbei an sprachlosen Wacholderpyramiden und kehrt dann endlich ein in einer lächerlichen Bauernstube, wo samstags getanzt wird und musiziert. Er sucht eine gleichgesinnte Wölfin, einen Blutrausch, einen heidnischen Tango der Vampire und blickt über Tische, an denen Wortfetzen erbrechende miniplierte Autosalonbesitzer ihre Umsatzrekorde feiern. Jeder Schwabenjunge kennt diese Bilder aus seinem Erinnerungsschatz, wenn er sich trostlos in der Mitte seiner Heimat entdeckt.

Immer wieder bricht dieser Hesse auf, macht sich auf den Weg an die Flüsse Indiens, in die Schweizer Alpen oder zu den Ufern des Gardasees. Das Reisen soll das schwere Herz erlösen, ihm endlich Sinn, Wärme, Weisheit, Friede schenken, ganz so, als ob Glück und Freiheit das Gegenteil von Calw wären. Er stirbt 1000 Tode, erlebt persönliche wie philosophische Debakel, peitscht sein fliehendes, halbiertes Ich an im Wissen, dass die Welt nie ein Paradies gewesen war und auch keines sein wird, dass sie immer und jederzeit unvollkommen ist und dreckig und nur über Liebe und Glauben ertragbar.

Für uns junge Schwaben war Hesse in den Siebzigern das Ticket für den Aufbruch. Es passierte immer wieder einmal, dass wir auf den verrosteten

Fähren der Kykladen auf Mädchen und Jungs aus Kalifornien oder Missouri trafen, die mit ihrem Kerouac, Fitzgerald und Miller reisten und wir unsere Bücher tauschten und unter dem ägäischen Sternenhimmel die Lieder der Steppenwolf-Band daherklimperten: »Born to be wild«, »Magic Carpet Ride«, »Rock me, baby«. Der seltsam-schüchterne und mutige Bruder half uns, das Blei der Pubertät aus unseren Herzen zu bekommen. Er zeigte uns, dass man dem Rad entkommen kann und dem System der fürsorglichen Belagerung. Und er sprach auch davon, dass man alleine dadurch keinen echten Schritt weiterkommt. Es spielt keine Rolle, wie genau man versucht, vor den Dämonen zu fliehen, und welche Route man wählt – die reisen einfach mit und geben erst dann Ruhe, wenn sie lustlos, wie trunkene griechische Götter kapitulieren oder man sich selbst um irgendeine Schlichtung kümmert.

Hölderlin und das Stigma der schwäbischen Winterreise

Wir bleiben ganz in der Nähe und lesen im September 1793 aus einem Brief Hölderlins an seinen Bruder: »Denn dies ist meine seligste Hoffnung, der

Glaube, der mich stark erhält und tätig, unsere Engel werden besser sein als wir, die Freiheit muss einmal kommen, und die Tugend wird besser gedeihen in der Freiheit heiligem erwärmendem Lichte als unter der eiskalten Zone des Despotismus.«

Das ist kein weiter Weg zum »We shall overcome some day« der verrauchenden Lagerfeuer. Hölderlin vergeudete, ähnlich wie Hesse in Maulbronn, seine besten Jahre im Tübinger Stift, dessen Ruf und Lage über der Stadt weitaus besser waren als die alltägliche Realität, also Kaserne, Drill, Reglementierung, Zucht, Ordnung. Ab und zu konnte man ein paar Flaschen des stiftseigenen Weins abgreifen und nächtens, so kolportiert Peter Härtling, trafen sich die drei Genies Hegel, Schelling und Hölderlin und brüllten, glücksbesoffen vom Gelingen der Französischen Revolution, ihre Hymnen auf die Pariser Helden von den Terrassen des ehemaligen Augustinerklosters. Dafür hagelte es regelmäßig Karzerstrafen für die Schöngeister, die sich dafür mit ihren Mitteln rächten und notierten, man betrachte sich doch nur einmal »ihre plumpen Hände, sie können nichts Reines belassen, nichts Heiliges unberührt lassen, nichts kann gedeihen, keine Wurzel wird geachtet, so ist das ganze Leben schal und sorgenschwer, von kalter, stummer Zwietracht, sie verschmähen den Genius, den Adel des menschlichen Tuns, die Heiterkeit des Lebens und die Idee der Brüderlichkeit«. Daraus lässt sich zwar kein flottes Anti-S21-Demoplakat gestalten, aber so war es ja damals auch nicht gemeint.

Während sich Mutter Hölderlin nichts sehnlicher wünschte, als dass ihr Fritz Pfarrer wird mit einer Festanstellung, hängte dieser nach fünf Jahren die schwarze Kutte an den Stiftsspind und entschloss sich zu einer Laufbahn als Schriftsteller, was damals wie heute das Gegenteil ist von einer vernünftigen Wüstenrot-Lebensplanung. Das Rettende naht – das Schreiben, die Vereinigung von Humanismus und Pietismus. Rasch beginnt ihn die Sprache zu tragen und wird zu seinem treusten Verbündeten. Wenige Jahre später erscheint sein lyrischer Briefroman »Hyperion«, eine Art Wendekreis des schwäbischen Steinbocks, strömende Emotion, radikales Selbstbekenntnis, hymnische Naturverklärung, politisches Freiheitsmanifest, romantische Liebespoesie und auf fast grausame Art die Vorwegnahme all dessen, was das Leben in seiner bittersüßen Tragik für ihn noch bereithalten sollte.

Als wandernder Hauslehrer gerät er in Frankfurt in das Haus des Devisenhändlers Gontard. Börsenprofi Jakob, sein Arbeitgeber, leidet chronisch unter nervösen Störungen und schielt, aber nur auf einem Auge, weil das andere blind ist, und so liest er nur das Nötigste, also Zahlen, und überlässt die Erziehung der Kinder seiner Frau und den wechselnden Hauslehrern. Für Ehefrau Susette fällt dieser Hölderlin wie ein glühender Meteor durch das Dach der mondänen Stadtrandvilla, und rasch beginnt ein bürgerliches Mrs.-Robinson-Drama, Küsse unter dem Flieder in den Parkpavillons, Heimlichkeiten, Begierde, große Liebe, und dann Trouble in Paradise, weil das eine matte Auge des Gatten zu neuer Scharfsicht findet. In Verkennung der unkomfortablen Gesamtlage schreibt der Dichter in sein Tagebuch: »Es gibt ein Wesen auf der Welt, wo mein Geist Jahrtausende verweilen kann und wir. Du weißt ja, wie ich ohne Glauben lebte, wie ich so karg geworden war und so elend und nun: froh, wie ein Adler, verjüngt, gestärkt, erheitert, verherrlicht.«

Bei Württembergs Eliten kommt währenddessen die Französische Revolution gar nicht gut an. Dem Herzog wird berichtet, dass einer der führenden Poeten gesagt hätte, »welche Lust es ihm wäre, in so einer Revolution auf einem Hengste auf lauter Aristokratenschädeln herumzugaloppieren«. Carl Eugen erlässt wieder einmal Serien neuer Gesetze, um überspringende Funken fernzuhalten, und wie zum Trotz geben sich lokaler Adel und Bürgertum unberührt vom Lärm des Pöbels und spielen weiterhin Sonnenkönig.

Und so wie Hölderlin pünktlich im Jahre 1800 vom wutschnaubenden Gontard Hausverbot auf Lebenszeit erhält, lösen sich nach und nach die Illusionen, Werte und Hoffnungen des Bastillesturms in Zweifel und Verwirrung auf. Sein »Hyperion« liest sich im Nachhinein wie ein Meisterwerk der Prophetie. Die große Revolution, die persönliche Herzensrevolution, die Vervollkommnung des Schönen und Erhabenen und vor allem ein Vaterland der Freiheit und Gerechtigkeit mit einem glücklichen Dichter in seiner Mitte – ein einziger Scherbenhaufen.

Im Jahre 1980 schaute ich mir im Berliner Olympiastadion die »Winterreise« an, ein Stück, das Regisseur Michael Grüber für die Schaubühne inszeniert hatte, eine psychisch wie physisch schmerzhafte Nacht-und-Nebel-Inszenierung bei minus 20 Grad. Es ging dabei um den Hölderlin, der im Winter 1802 in Bordeaux eine Stelle als Hauslehrer bei einem deutschen Geschäftsmann angenommen hatte, vielleicht auch in der vagen Hoffnung, es möge sich dort das alte Glück wiederfinden, eine Wiederholung der großen Liebe. Es ist wenig bekannt über die Monate dort. Eines Tages verschwand er von dort, grußlos, grundlos, mittellos, Richtung Heimat, zu Fuß, querfeldein, einsam, hungrig, verwirrt und verwahrlost wie der andere Steppenwolf – ein Jahrhundert später.

Wo sich sonst 90 000 Zuschauer einfinden, wenn großer Sport geboten wird, gab es für diesen Abend in dem flutlichtbestrahlten Ex-Nazipomp-Stadion lediglich 1000 Plätze. Und so saßen wir dort und froren und fühlten mit der winzigen Figur da unten auf der Laufbahn, dieser verlorenen Seele auf ihrem deprimierenden Heimweg. Vieles erinnert einen an die Kriegserzählungen der Väter und Großväter, und bis heute kann ich auch in diesem Fall jede Minute dieses Abends abrufen, weil ich weiß, dass es sich um einen magischen Moment im kollektiven schwäbischen Archiv handelt.

Ich glaube, dass sich manche noch so intime Erlebnisse einer Seele auf die anderen übertragen, weil sich in ihr ein gemeinsames Schicksal herauskristallisiert, das sich für alle Zeiten einprägt, um jenseits

Zwischen damals und heute

Wir wohnten ein paar Jahre nahe der bayerischen Grenze, was aber unser schwäbisches Grundgefühl in keiner Weise beeinflusste. Mit einer Ausnahme: Ein winziges Dorf auf der anderen Seite hatte ein Schloss, ein Jagdschloss, und ich glaube es gehörte zu den Thurn und Taxis. Da mein Vater mit dem Verwalter befreundet war, konnten wir in Abwesenheit des Fürsten den Tennisplatz, einen herrlichen roten Sandplatz von Birken und Weiden umgeben, benutzen. Und der Fürst war immer abwesend. In all den Jahren wurde ein einziges Mal von seinem Kommen berichtet, ein Wochenende mit Gunter Sachs, Niarchos, Soraya. Kurioserweise war nun auch die schwäbische Region im Umkreis von 40 Kilometern außer Rand und Band. Der Fürst kommt, der Fürst kommt. Ich rede vom Jahr 1970. Es wurde überall gekehrt und gemäht, die Friseure schnitten und föhnten bis weit nach Mitternacht, verbeulte VW-Käfer wurden shampooniert, Schulklassen übten Loblieder, und die Dorfdeppen wurden eingesperrt. Natürlich kam der Fürst nicht, er kam nie wieder, aber mir wurde klar, dass diese Sache mit 1918 noch nicht so ganz verinnerlicht war.

Im Gegensatz zu anderen deutschen Mentalitäten konnten bei uns Autoritäten aller Art bis zum Wendejahr 1970 unbehelligt agieren. Selbst wenn jemand nur seine Rasenmäherberechtigung verlängern wollte, saß er so geknickt im Flur herum wie einer, dem man gleich alle Schneidezähne zieht. Angst wurde kultiviert, wie man Champignons züchtet. Es gab Angst vor dem Pfarrer, dem Arzt, dem Zugschaffner, dem Lehrer, dem Bademeister und natürlich der Polizei. Die monatliche Metzelsuppe mit Bürgermeister, Pfarrer, Landrat, CDU-Chef und Schulrektor (eine Rolle, die mein Vater ausfüllte) war der Staat. Dort wurden all die Mini-S21-Projekte, die Baugenehmigungen und Fördergelder durchgewunken, bis weit und breit alle Mostfässer geleert waren. Die Menschen draußen »vor dem Bildschirm« hatten einen Heidenrespekt vor Amtsinhabern und Bürokratie, und jede Form von Protest, Einspruch oder Nachfrage kam einer Majestätsbeleidigung gleich. Es war um keinen Deut besser als zur gleichen Zeit in der DDR. Der Schub der Achtundsechziger, der in Württemberg allerdings erst zehn Jahre später spürbar wurde, konfrontierte die Schwaben mit ihrer versteinerten Autoritätsangst und warf gleichzeitig ein schönes, befreiendes Licht auf eine Variante des Daseins, die lebte, lachte, neu und fröhlich war. Es ist mir zwar ein Rätsel, wohin sich diese dustere Energie plötzlich verflüchtigt hat, aber seit ein paar Jahren präsentieren sich diese Schwaben ja ziemlich verwandelt und im Wiederbesitz ihrer mittelalterlichen Fröhlichkeit. Den Zustand dieser neuen Heiterkeit aber haben sie größtenteils den »anderen Schwaben« zu verdanken, den wahren Schwaben, jenen, die den Kopf hinhalten für eine bessere Welt und meistens für ihren Mut und Übermut bitter bezahlen.

Doch zurück in die Siebzigerjahre: Der Krieg begann am Montagmorgen um 7.40 Uhr, mit Englischlehrer Dr. E., Junggeselle, Trinker, Zyniker. Was immer den Mann plagte, niemand wusste es, keiner wollte es wissen, am wenigsten er selbst. Sein Höchstes war es, das Stück »Die Trottelorgel« aufzuführen. Dazu brauchte es vier bis fünf Schüler, die schnell gefunden waren, denn da reichte seine schlechte Laune, ein falsches Lachen, eine falsche

Vokabel oder ein verunglücktes Räuspern – und schon standen die Störer der Größe nach aufgereiht mit dem Rücken zur Klasse und dicht gegen die Tafel gelehnt. Dr. E. befahl nun dem in seinen Augen vorbildlichsten Schüler aufzustehen und uns allen so laut wie möglich das schöne Kinderlied »Alle meine Entchen …« vorzusingen. Falls der den Mut aufbrachte, sich zu verweigern, wurde er mit ein paar gesalzenen Kopfnüssen in Schwung gebracht. Hatte er beim dritten Anlauf endlich die richtige Lautstärke gefunden, begann unser Sprachenlehrer damit, im Takt des Liedes die fünf Köpfe da vorne abwechselnd mit voller Wucht gegen die Tafel zu schlagen, und hörte auch dann nicht auf, wenn bei einem schon das Blut von der Stirn tropfte. Er hörte erst auf, wenn das Lied zu seiner Zufriedenheit zu Ende gesungen war oder seine Laune sich gebessert hatte. Danach trotteten die Orgelspieler auf ihre Plätze zurück, und dann ging der Unterricht weiter wie gewohnt, als wäre nichts passiert. All das wiederholte sich Woche für Woche und Jahr für Jahr und wurde so zu einer pädagogischen Trottelorgel-Selbstverständlichkeit. Da fast jeder von uns Schülern mal an der Reihe war und die Entgleisungen des Dr. E. ja nur eine kleine Facette in einem Gesamtvernichtungs-Institut darstellten, tobte in uns allen eine ohnmächtige Wut. Beschwerden beim Rektor führten in der Regel zu neuen Schikanen, und die meisten Eltern zeigten volles Verständnis – allerdings für die falsche Seite, und so gab es halt zudem Hausarrest, Sportentzug und die nicht allzu ernst gemeinte Drohung, demnächst nach Winnenden, in die Irrenanstalt zu kommen. Das alles war kein echter Spaß.

Mir fällt das im Moment nur ein, weil ich versuche, die Frage zu beantworten, warum so viele der schwäbischen Rebellen ohne Konzept und ohne politische Richtung, dafür aber mit unbändiger Emotion antreten und eher als Einzelkämpfer in die Opposition gehen. Es kommt einem so vor, als ob sich bei ihnen ewig lange etwas angesammelt hätte und dann ein letzter, winziger Auslöser genügte, ein springender Funke, eine dumme Bemerkung, eine ungeschickte Geste, um den Ausschlag zu geben für eine radikale Reaktion. Und diese frühen Siebziger waren ohnehin eine besondere Zwischenepoche, in der ein lange schon schwelender und abstrakter Konflikt mit einer enormen Dynamik auf die Spitze getrieben wurde und es einer gespenstisch traumatisierten Elterngeneration mit Erfolg gelang, einen

Großteil ihrer Kinder in Bürgerkriegsstimmung zu versetzen. Und genau diese bildeten auch den Kern der Stuttgarter Protestmonate.

Ein Wort zu Schiller und Stammheim

So wirr wie Hitlers Vernarrtheit in den Attentäter Elser war, so seltsam erscheint auch seine Wertschätzung von Friedrich Schillers Novelle über den »Verbrecher aus verlorener Ehre«. Hunger und Liebe sind es, die den verkrüppelten Wirtshausbuben Christian Wolf zum Wilderer machen, womit er gegen ein hohes Adelsrecht verstößt. Danach erschießt er seinen Denunzianten, flieht und schließt sich einer Räuberbande an. Bald stellt er fest, dass ihm der Lebensstil einer kriminellen Vereinigung nicht guttut. Er versucht, das Blatt zu wenden und in die richtige, ehrbare Gesellschaft, quasi die bürgerliche Dreikönigsmitte zurückzukehren, wird aber erneut verraten und dann hingerichtet. Schiller fragt uns: Wieso geraten an und für sich gute Menschen in schiefe Lagen? Warum hilft ihnen keiner auf den Weg zurück? Und wieso erhebt sich eine besitzende Klasse mit Hohn und Verachtung über jene, denen das Schicksal nicht wohlgesinnt ist, anstatt für ein harmonisches Miteinander zu sorgen? Also den Bürger, wie es neuerdings heißt, »abzuholen« und ihn auf Augenhöhe einzubinden und endlich ein bisschen ernst zu nehmen?

Schiller sollte nach dem Besuch der herzöglichen Karlsschule aufs Tübinger Stift und dann Pfarrer werden. Das kommt einem bekannt vor. Doch es kam anders. Warum auch immer nimmt Herzog Carl Eugen den jungen Schiller persönlich unter die Fittiche und wird so zügig zu dessen privater Vaterhassfigur. Der absolutistische Quälgeist von der Redoute machte dem Buben das Leben zur Hölle. Er reagierte auf den Drill mit Leistungsverweigerung und kümmerte sich um die Rolle als Klassenclown. Keinem Laster verschlossen, verzog er sich gerne in den »Goldenen Ochsen« und spielte dort Manille, ein schwäbisches Kartenspiel um Geld, oder kegelte mit seinen Freunden. Bald wird ihm klar, dass seine Zukunft das Leben eines Schriftstellers sein muss. Die Forderung an sich und an den Rest der Welt: Heraus aus der selbstverschuldeten Unmündigkeit und her mit einem neuen Typ des Bürgers, selbstverantwortlich, stolz, frei und zur Not furchtlos Tintenfässer um sich schleudernd, nur verantwortlich seinem Gewissen, seinem Geist und einem Leben in Freiheit und Gleichheit.

Also hockte er nachts fiebrig, besessen und fleißig bei Kerzenstummeln in der zugigen Schulfeldbettenhalle und schrieb an jenem Theaterstück, das bald zum Manifest der wahren Deutschen werden sollte. Das hatte Wert, das machte Sinn, vor allem, weil er etwas aus sich machte und nicht zuschaute, wie andere versuchten, etwas aus ihm zu machen. Dieser neue, freche, frische und unerhörte Vorgang übertrug sich auch auf sein Stück. Auf dem Steinboden liegend, erfand sich der junge Lockenkopf als Autorität, unabhängig und frei, und »in tirannos« hebelte er in ein paar Wochen besessener Seelenarchäologie ein Jahrtausend schwäbischen Untertanengeists aus. Die ersten Szenen der »Räuber« führte die verschworene Clique noch heimlich nachts oben im Bopserwald auf, wo sich heute die gut verdienenden Halbhöhen-Stuttgarter in ihren Bauhausvillen einen schwarzen Afghanen-Dreiblatt drehen und keinen Bock mehr auf Mappus und Gönner haben.

Bei der Uraufführung der »Räuber« 1782 tobte die Mannheimer Theaterschickeria und schrie am Ende: »Nieder mit dem Adel!«

Jahre später erklärte er seinem Freund Goethe, und das könnten sich die im Februar 2010 etwas verkatert wirkenden S21-Gegner auch anhören: »Man muss die Leute inkommodieren, ihnen ihre Behaglichkeit verderben, sie in Unruhe und Erstaunen setzen!«

Jeder Satz der »Räuber« wurde zur Anklage gegen Württemberg und gegen die aus dem Ruder laufende Dekadenz des Schloss-Jetsets. Ganz kurz nur: Der missgestaltete Franz Moor ist ein eher diabolischer Mensch, er begehrt auf gegen sein persönliches Los, sein Schicksal, wird zum Verbrecher aus niederen Motiven, will den Vater töten, den Bruder verjagen und ihm auch noch seine Geliebte wegnehmen. Man spürt den Atem der großen Klassiker aus Epidavros.

Seinen älteren Bruder, Karl Moor, plagen andere und sympathischere Dämonen, und so schart er eine Bande Aufständischer um sich, weil es darum geht, dem »schlappen Kastratenjahrhundert« den Kampf anzusagen. Bei Karl geht es um eine andere Facette des Aufstands, hier sind Freiheit, Kraft und das staufische Herz jener Löwen gefragt, welche in dreifacher Ausfertigung auch noch dem aktuellen Landeswappen zur selten erbetenen Zier verhelfen. Karl wagt Großes, sein Sturm und Drang trägt edlere Züge, als es bei dem Privatfrust seines Bruders der Fall ist. Doch auch dieser Rädelsführer kann es nicht verhindern, dass seine Desperados zu einem Haufen marodierender Dummköpfe verkommen. Als symbolische Wiedergutmachung für seinen Irrweg vermacht er das auf ihn ausgesetzte Kopfgeld einem Tagelöhner und übergibt sich dem Lauf der Dinge. Im richtigen Leben landet Schiller, der neue Starautor, auf den württembergischen Fahndungsbögen, er muss fliehen, er wird gejagt, bespitzelt, verfolgt, er reist unter falschem Namen mit gefälschten Papieren und einem Perückenkoffer durch die fremde Lande und erinnert an den romantischen Helden einer Johny-Cash-Ballade. Herzog Carl Eugen ist kein Schiller-Fan mehr, er schickt dem Dichter Undercoveragenten hinterher und will vor allem auch keinen zweiten Fall Schubart. Denn der sitzt in Hohenasperg seine zehn Jahre Knast ab, und das wirft allmählich innenpolitisch nervende Fragen auf. Als Carl Eugen dann noch erfährt, dass Schiller, als Doktor Fischer reisend, das Landesverbot missachtete, den Poetenkollegen in seiner Einzelhaft heimlich besuchte und dort unter dem lebhaften Beifall einiger Gefängniswärter aus den »Räubern« vorlas und die beiden Männer sich lange umarmten – eine Szene, die tief im kollektiven Gedächtnis der Schwaben lagert –, geraten seine Aversionen in den roten Bereich.

Schiller hatte die Grundidee für »Die Räuber« einem Schubart-Essay zu verdanken. Schubart, eine Art junger Joschka Fischer und der bekannteste politische Gefangene seiner Zeit, bekam den Jähzorn des Herzogs in seiner humor- und gnadenlosesten Form zu spüren. Er saß zehn Jahre weitgehend in Isolierhaft, ohne Anhörung und ohne ein begründetes Urteil, ohne Schreibgerät, ohne Papier, und seine Frau durfte ihn nach acht Jahren das erste Mal besuchen. Schillers für beide Seiten riskanter Besuch sollte die Bürger Schwabens bewusst auf diese indiskutable Behandlung aufmerksam machen. Der Vorfall erinnert ein wenig an Sartres Visite im Dezember 1974 bei Andreas Baader im Hochsicherheitstrakt von Stuttgart-Stammheim, nur dass Sartre eben nicht als Doktor Fischer vorsprach. Er wollte damals mehr über die Handlungsmotive der Baader-Meinhof-Gruppe in Erfahrung bringen und erklärte anschließend die Haftbedingungen zu einer modernen Art der Folter. Dies erregte den damaligen württembergischen Ministerpräsidenten Filbinger (CDU) aufs Äußerste, und er warf dem französischen Philosophen vor, sich zum Werkzeug einer kriminellen

Bande zu machen. Filbinger seinerseits wurde wenig später vorgeworfen, als Mitglied einer kriminellen Vereinigung – in diesem Fall der NSDAP – in seiner Funktion als Marinerichter noch kurz vor Kriegsende mehrere Soldaten, auch simple Deserteure, zum Tode verurteilt zu haben. Nachdem er dies in bekannter Manier zunächst alles abstritt, sich dann unglücklich verhedderte, wenig später mit Vergesslichkeit und Blackout argumentierte und schließlich als Begründung für seine damaligen Urteilssprüche nichts Klügeres vorzutragen hatte als den Satz: »Was damals rechtens war, kann heute nicht unrecht sein«, suchten selbst seine engsten Verbündeten das Weite und sorgten so dafür, dass er 1978 als Ministerpräsident zurücktrat – ohne sich jemals bei irgendeinem Menschen, der von seiner »furchtbaren« juristischen Tätigkeit betroffen war, zu entschuldigen. Von den acht schwäbischen Ministerpräsidenten nach 1945 haben, inklusive Mappus, nur vier ihr Amt schadlos überstanden.

Bevor Friedrich Schiller seinen Lebensmittelpunkt nach Jena, Leipzig und Weimar verlegte, schickte er seinem Herzog 1784 in »Kabale und Liebe« noch einen letzten Gruß. Bei dem Stück handelt es sich erklärtermaßen um ein bürgerliches Trauerspiel, bei dem zum ersten Mal auf einer deutschen Bühne der Adel nur noch die zweite Geige spielt und zudem nur noch als Stätte der Verschwendungssucht, des Mätressentums und der Intriganz dient. In dem Stück greift Schiller den schwunghaften Menschenhandel auf, mit dem die württembergischen Staatskassen gefüllt werden. England musste in Amerika die dortige Unabhängigkeitsbewegung bekämpfen, und dies unterstützt der Herzog, indem er junge Männer aus den bettelarmen Albkäffern für stattliche Summen an England verschachert. Dort sollen sie gegen die amerikanischen Truppen den Kopf hinhalten. Nicht selten wird das männliche schwäbische Humankapital gewaltsam auf die Segelschiffe verfrachtet. Der Deal sah in etwa so aus, dass ein verletzter Soldat einfach dort bleiben sollte und in Sachen Zukunftsgestaltung auf sich gestellt war. Im Todesfalle blieben die Jungs natürlich auch dort, wobei dann für den Herzog ein Sonderbonus, eine Art Zusatzprämie anfiel.

Auch solche realen historischen Vorgänge hinterlassen ihre Spuren im Unterbewusstsein einer Volksseele. Aber nun abschließend noch ein Blick auf Eduard Mörike, der als sanfter Rebell auf eine ganz spezielle Art einen weiteren überraschenden Bogen schlägt zu Vorkommnissen, die mehr oder weniger ersichtlich mit der Gemengelage von 2010/11 zu tun haben.

Mörike – zwischen Biedermeier und der Ahnung des Grauens

Schon während seiner vier Ausbildungsjahre im Stift (1822–1826) legte der Ludwigsburger Eduard Mörike nur geringen Fleiß an den Tag. Allein die Vorstellung, Pfarrer zu werden, warf ihn mitten im Hochsommer mit theatralisch simulierten Grippeanfällen aufs Lager. Trotz harter Stiftskonkurrenz in Sachen »Etikette« sammelte er wegen Schwänzens, Zuspätkommens, Trinkens, Pfeifenrauchens und Verstößen gegen die Kleiderordnung derart viele Minuspunkte, dass er am Ende der am meisten bestrafte Schüler in der 250-jährigen Geschichte der Elitekaserne war. Seine mündlichen Prüfungen nahmen bald den Rang von Büttenreden ein, worauf er sich zukünftig mit den Arbeiten von Ex-Stiflern behalf. Seine Berufslaufbahn als Pfarrgehilfe begann dann damit, dass er sich am Tag des Antritts wegen einer unbestimmten Migräne für das erste Jahr krankschreiben ließ.

Auch ihm erschien das Schreiben als einzige existenzielle Alternative. Also quälte er sich – häufig von hypochondrischen Attacken und Blockaden außer Gefecht gesetzt – an den Tisch und fabrizierte über die Jahre verteilt ein doch recht umfangreiches Werk aus Novellen, Gesängen und Gedichten. Da er mit den Vertretern der zeitgenössischen Theologie im Dauerhader lag, ließ er sich im Alter von 39 Jahren in den Ruhestand versetzen. Ja, ihm fehlten das wütende, idealistische Feuer Schillers und das hymnische Lamento Hölderlins. Aber es entging ihm keineswegs, wie die württembergische Obrigkeit mit den etwas mutigeren Kollegen umging und im ganzen Ländle ein rigoroses Zensur- und Bestrafungssystem einführte, welches 150 Jahre später als Schleierfahndung wieder aufgegriffen wurde. Ruhe wurde nun zur Bürgerpflicht, und um wenigstens in Freiheit zu verhungern, produzierte Mörike eine beschauliche Wald- und Wiesenlyrik. Im grünen Gras liegend, lebte er die Kifferträume eines herumziehenden Taugenichts aus, widmete sich den rauschenden Mühlen und Forellenseen, schmiedete Nacht-und-Nebel-Verse und leitete im Prinzip jenen kollektiven schwäbischen Schweigemarsch in den Biedermeier ein, der heute noch weite Teile der Provinz dominiert. Sehr spät erst wurde das Abgründige bei Mörike zur Kenntnis genommen, vor allem die schicke und lässige Modernität seiner Weltflucht und Dienstverweigerung. Eigentlich war er ein bemerkenswerter Zeitzeuge, der aus der Hängematte zuschauen konnte, wie der Sturm und Drang der schwäbischen Seele eine Metamorphose beging zum süddeutschen Michel mit seiner Schlafmütze, der blechernen Gießkanne, den gepflegten Beeten und all den Gartenzwergen. Er notierte mit kühlem Spott, wie Räuberchef Moor resigniert in den Keller geht, um dort eine Spielzeugeisenbahn aufzubauen, und wenn man ihn genau liest, kann man bei ihm auch die heutigen Parteipapers der schwäbischen Grünen ablesen.

Diesen Ausverkauf zum Spießer datiert Mörike in etwa auf das Jahr 1850. Dieses Biedermeier-Stigma prägt auch jenen schwäbischen Menschenschlag, den man neuerdings als guten Menschen sieht, einen ganz pfiffigen und lustigen Zeitgenossen nebenbei. Genauso wenig wie er damals der RAF beigetreten wäre, hätte man ihn parallel in Münsingen mit dem Bundeswehrpanzer herumfahren sehen. Als Mädchen wie Junge hat er sich – im übertragenen Sinne – bei den Berliner Siebenundsechziger-Demos seine erste blutige Nase geholt, in Hamburgs Hafenstraße alte Häuser besetzt, zu Hause auf dem Dachboden Hanf angebaut und zu »Electric Ladyland« einen LSD-Trip eingeworfen, hat sich dann mit bereits abflauendem Interesse gegen die Startbahn West eingesetzt, sich danach noch in Sachen Castor angekettet. Und als dann das BKA seine Winterreise-Fahndungen verschärfte, ging es ab nach Ithaka, Jahre der Kommune, raus aus dem Hamsterrad, Freiheit, Sonne, Surfen, bis man merkte, dass man die besten Jahre verplempert.

Heute sieht man diese Mörike-Nachfolger als sanft resignierte Nichtwähler und manchmal etwas besserwisserische Experten der unterlassenen Revolution auf ihren Bauernhöfen im Allgäu oder auf dem Härtsfeld, wo man Dinkel anbaut, freilaufende Hühner und Schweine züchtet, die frühere »Alte Sonne« zu einem kerngesunden Ökowirtshaus umfunktioniert hat nebst Galerie, Theaterbühne, einer ganz gut gehenden Reiki-Praxis und jeder Menge Familienaufstellungen, vor deren Enthüllungen man aber speziell in Schwaben warnen sollte. Der Großraum Württemberg – und auch diesbezüglich ist er einzigartig in Europa – ist überzogen mit solchen ausgefallenen, fast antiquierten Plätzen, und jedes noch so winzige Kaff hat da so seine Spinner, die sich mittlerweile durch pietistischen Fleiß und rundum aufrichtiges Erscheinen selbst bei dem örtlichen CDU-Capo etwas Respekt verschafft haben. Mit ihrem bunten Happening-Outfit und den gestreiften Wollpullis, all den früheren Provo-Freak-Attributen, prägte auch diese Fraktion maßgeblich das Gesicht des aktiven Protests gegen S21 im letzten Jahr. Mörike hinterließ damals als Leitfaden für den Umgang mit der Obrigkeit eine weitere Alternative zwischen offenem Kampf, Selbstzerstörung, Verleugnung oder Exil; man mag es als ein zähneknirschendes Arrangieren beschreiben, als ein Sich-treu-Bleiben mit der Annonce, jederzeit für eine Revolte verfügbar zu sein; aber die muss sich halt lohnen.

Aus diesem Blautopf-Milieu bildete sich immerhin ab Mitte der Siebziger ein großer Teil der Friedensbewegung heraus und letztlich auch der Grünen – wiewohl sich deren Basis lieber auf Fidel Castro berufen würde oder Simón Bolívar.

Neben mancher beschaulicher Novelle servierte Mörike ganz nebenbei seinen Lesern die Ballade vom »Feuerreiter«. Es war Hölderlin höchstpersönlich, der Mörike zu diesem unheimlichen Frühwerk inspirierte, jener Hölderlin, der in seinem Turmzimmer am Neckar mit seiner weißen Mütze im feurigen Monolog mit seinen Dämonen hin- und herlief. Kurz bevor also der Biedermeier die Silhouetten der brennenden Bastille aus dem Weltbild der Schwaben streicht, schickt Mörike diese biblisch-mysteriöse Gestalt auf den Weg, diesen apokalyptischen Reiter mit einem Touch von Sodom und Gomorrha. Und genau dieser Teufel taucht auf magische Art und Weise genau 90 Jahre später, ganz nahe bei Tübingen wieder auf, unter anderem Namen, als eine durch und durch gnadenlose Inkarnation und mit einem schrecklichen Plan.

dann braucht es eben eine heldenhafte und außergewöhnliche Aktion, um sie alle eines Besseren zu belehren.

Als dann noch Gerüchte aufkamen, dass sich Wagner sodomistische Affären mit Ziegen und Kühen leiste und er so über all die Albdörfer hinweg zum allgemeinen Gespött wurde, war es nur noch eine Frage der Zeit, bis er Rache nehmen würde an der Dummheit der Bauern, der Lüsternheit der Weiber, der Arroganz der Kulturschickeria. Ein Wort noch, eine kleine Anspielung, eine Geste – dann würde sein Triumphzug beginnen, die süße Rache für all die bitteren Stiche, der Tag des Feuerreiters, die große Abrechnung bis hin zum brennenden Bett des Herzogs, für Wagner offenbar der personifizierte Anfang des Endes. Und so nahm das Drama seinen Lauf.

Same old story

Am 4. Februar 1914 wurde Wagner in die Heilanstalt von Winnenden eingeliefert, jenem Ort, der sich 2009 nochmals in den deutschen Amokkalender eintrug. Tim K. verpasste es bei seinem Rachefeldzug nicht, das Zentrum für Psychiatrie aufzusuchen, in dem er wohl – manche Eltern machen ihre Drohungen wahr – ein paar Therapiestunden erhalten hatte. Dort war er zum falschen Zeitpunkt am falschen Platz. Winnenden ist, wie bereits erwähnt, ein Topos der alten schwäbischen Pädagogik. Du gehörst doch nach Winnenden – das bekommen alle Kinder zu hören, die sich zu Hause oder in den Schulen als auffällig erweisen, vom Mittelmaß abweichen und damit als krank diagnostiziert werden. Es dürfte kaum eine andere Mentalität hierzulande geben, die den ohnehin überforderten und orientierungslosen Kindern derart monoton und inflationär mit dem Weg Richtung Irrenhaus ins Gewissen redet.

Im Falle Wagner wurde zum ersten Mal in der württembergischen Geschichte ein Mordprozess wegen Unzurechnungsfähigkeit eingestellt. Wagner bekam eine Einzelzelle, schrieb und überarbeitete dort seine frühen Dramen im Geiste Schillers. Nichts konnte ihn von der Gewissheit abbringen, dessen verlängerter Agent und Koautor zu sein. Von ihm erhielt er Eingebungen und Szenenentwürfe und Ideen und auch den Mut, unbeirrt weiterzudichten. Demgemäß schickte Wagner die Manuskripte stets an das Nationaltheater Mannheim, wo auch die zum Schneider vom Ulm schweben sie in den grausamen Träumen leicht wie Ikarus immer wieder über dem kommenden Schauplatz, langsam füllen sie die Magazine ihrer Kanonen und warten auf das erlösende Wort der anderen Engel: »Der Tag ist gekommen, und nun werden sie alle endlich wissen, wer ich wirklich bin!«

Und was dann für all die Tims, die noch hin- und herüberlegen, wann, wem und wie sie ihre Rechnung präsentieren, längst eine beschlossene Sache ist, wirkt dann für die anderen wie ein Blitzeinschlag ins Idyll, ein zutiefst verstörender Ausbruch einer kranken, verlorenen Seele.

So verhallen all die Fragen und Gedanken im Schock ohne Erkenntnis. Glaubhaft gemachte Trauer vor den unerbittlichen Kameras windet sich in Worthülsen, und danach bleiben die bedauernswerten Betroffenen mit ihrem Scherbenhaufen sich selbst überlassen. Württembergs höhenbesonnter Innenminister Heribert Rech, der sowohl beim Amok in Winnenden wie auch beim schwarzen Donnerstag im Amt und vor Ort war, möchte, so ist zu vermuten, mit all solchen störenden Faktoren am liebsten nichts zu tun haben.

Fragen auf den Friedhöfen

Nun kann man lange Gespräche darüber führen, ob es sich bei den schwäbischen Widerstandsfiguren gegen Hitler, also bei den Geschwistern Scholl, bei Elser und Stauffenberg, um Amokläufer handelte. Aus der Sicht Freislers bestimmt – denn in diesen Kreisen heißt es ja: Was damals rechtens war, kann ja heute nicht unrecht sein. Man kann fragen, ob es sich bei der RAF, die über einen großen schwäbischen Personalblock verfügte, um politisch motivierte Spät-Räuber im Sinne Schillers oder nur um einen Haufen verblendeter Amokläufer handelte. Man kann mit etwas Fantasie und Gedankenfreiheit versuchen, Bezüge herzustellen zwischen diesem bewaffneten Zweig der politischen Guerilla, den sympathisierenden Schreibtischtätern rund um Böll, Jens, Bloch oder Grass und der pazifistischen Friedensbewegung nebst ihrem diffusen Gesamtbild aus Grünen, Linken, Autonomen, Hooligans und motivlosen Wutbürgern. Man kann darüber rätseln, inwieweit die kalte private Wut, die einen anständigen Bürger überkommt, wenn er sieht, wie selbstherrlich und zynisch die S21-Macher ihr Self-Service-Multimilliarden-Projekt an der öffentlichen Diskussion vorbeikanalisieren wollten, etwas damit zu tun hat, dass diese also irgendwann umkippen kann in einen außer Kontrolle geratenden Wutausbruch kollektiver Art. Man kann darüber diskutieren, was die kranke Wahllosigkeit eines außer Rand und Band geratenen Amokläufers mit einer heiter-friedlichen Demonstration zu tun haben soll, deren Ziel es ist, eine bessere und gerechtere Gesellschaft, mit Mitbestimmung und Chancengleichheit zu schaffen und einen akkurat durchgerechneten Kopfbahnhof an Geißlers Powerpoint-Tafel.

Spielt man mit all den Schlagworten herum, mit denen die Untertanen seit Jahrhunderten hantieren, Armut, Ungerechtigkeit, Zurücksetzung, Demütigung, Verkrüppelung, Zwang, Ausbeutung, Unterdrückung, Bevormundung, Sadismus, Missbrauch, Perspektivlosigkeit, Berufsverbote, Bespitzelung, Entfremdung oder eben Verarschung, dann ist da kaum ein großer Unterschied auszumachen zwischen Hesse und Schiller und den Plakaten und Transparenten, die noch im Februar 2011 rund um den abgerissenen Bonatz-Nordflügel aushängen.

Warum aber wählen die Leute nicht einfach mal ihre Regenten ab, wo sie doch ein Wahlrecht haben?

Das Mienenspiel der Herrschaften

Wenn man im Frühjahr 2010, als sich kaum ein Außenstehender für S21 interessierte und man gar nichts wusste um Hintergründe, Faktenlage und Details, per Zufall in eine regionale schwäbische TV-Show geriet, bei der zum Beispiel Herr Mappus und Frau Gönner auftraten, gewann man den Eindruck, dass »die da oben« völlig zu Recht die Rolle der Empörten abgaben und gereizt und stinksauer die Frage aufwarfen, wie es diese von links aufgehetzten Luxusbürger plötzlich wagen konnten, ein juristisch und politisch komplett durchgeboxtes Projekt infrage zu stellen. Vermutlich stellen sich derartige Realitätsverluste ein, wenn man als herrschende Partei nahezu 60 Jahre lang keine Gedanken an Kompromisse verschwenden muss und tun und lassen kann, was einem in den Sinn kommt. Da steht man ohnehin makellos da als das wirtschaftlich zweiterfolgreichste Bundesland der Nation, zahlt die besten Gehälter, bietet Vollbeschäftigung, zählt in Sachen Reputation als die Hochburg des Liberalismus, sorgt nebenbei dafür, dass sich so Bettelhochburgen wie Berlin, Bremen und Griechenland über Wasser halten können, meldet täglich so viele Patente an wie ganz Afrika im Jahr zusammen, verfügt über einen Standort mit Weltgeltung, liefert Produkte der allerersten Güte in jeden Winkel des Universums und muss sich nun wegen eines lächerlichen Bahnhofs in die Defensive begeben. Und das Mienenspiel während der Schlichtungsrunden, in jenen Momenten, in denen sich die Protagonisten des Fortschritts von Kameras unbeobachtet wähnten, erinnerte an Halbstarke, die gerade einem behinderten Mitschüler das Mäppchen versteckt haben und sich nun totlachen über seine erbärmliche Suchaktion.

Ich frage mich das seit Ewigkeiten: Woher bezieht die sogenannte und selbsternannte Führungselite dieses Recht der Menschenverachtung?

Der Streitfall S21 machte es erneut klar, dass es vor allem zwischen der wirtschaftlichen und der geistigen Elite der Schwaben einen tiefen Graben gibt und an dessen Rändern keinerlei Sehnsucht nach Versöhnung erkennbar ist. Grob betrachtet, gewinnt man den Eindruck, dass sich die Führungselite mit einer provokant-überheblichen Metternich-Pose in Szene setzt und sich auch kaum noch die Mühe macht, ihre profitable, lebensversüßende Vetterleswirtschaft geheim zu halten. Das reizt und nervt, und so ist es fast logisch und konsequent, dass die Riege der Intellektuellen, Künstler und Geistesmenschen den schwarzen Filz mit ruppig-rabiater, fast verbissener Zähigkeit verfolgt.

Es ist in diesem Zusammenhang nicht unspannend, mal einen Monat lang die Stuttgarter Tageszeitungen zu lesen. Danach versteht man ganz gut, warum hier Menschen früher ihr Leben riskierten, um so etwas wie Pressefreiheit zu erstreiten.

Die auffallende Selbstsicherheit der oberen Klasse hat auch damit zu tun, dass die normalen Schwaben heute noch wie Leibeigene in die Arbeit gehen, ins »Gscheffd«, und dies als eine sehr persönliche Sache definieren. Man arbeitet also nicht in der Autoindustrie oder ist Ingenieur, sondern man »ist beim Daimler« oder »geht zum Bosch«, und das hört sich dann so nett an wie ein Kneipenbesuch oder eine Privatparty. Für die Firmenherren, die sich ja gerne als Säulen des gesunden Mittelstands definieren, selbst wenn sie über 50 000 Angestellte verfügen, ist diese fast absurde Art von Identifikation ein Geschenk des Himmels. In so einem patriarchalischen Klima gibt es kaum noch eine Grenze zwischen Ich und Arbeit. Der Weg ins »Gscheffd« bedeutet die erotische Verschmelzung mit dem großen Rad. Dieser Schwabe geht mit Herz und Seele zu seinem Chef, seinem Herrn, seinem Arbeit- und Sinngeber. Warum auch immer, will er mit seinem Chef im selben Boot sitzen, durch dick und dünn gehen, dazugehören, Teil der Familie sein, gelobt werden und namentlich erwähnt am Geburtstag und am Tag des bitteren Ausscheidens. Ohne irgendein Druckmittel anzuwenden, kann sich der schwäbische Unternehmer auch darauf verlassen, dass seine Leute so etwas wie Pausen und Urlaub eher als störende Unterbrechungen empfinden, und diese, wenn man sie schon mal nicht vermeiden kann, dazu nutzen, um über das Schaffen zu reden, also wie man noch besser, noch effektiver und profitabler arbeiten könnte. Streik? Tarifrunden? Wem soll das nützen?

Dazu kommt die pietistische Gewissheit, dass Geld stinkt, unglücklich macht, den Charakter verdirbt, Freundschaften zerstört und eher ein Kamel durchs Nadelöhr geht, als ein Reicher in den Himmel kommt. Für einen Chef, der sich darauf verlassen kann, dass für seine Männer der Lohn vorwiegend symbolischen Wert besitzt und dass das Arbeiten wie eine Art Gottesdienst betrachtet wird, sind solche Zustände von großem Nutzen.

Während es in Württemberg eine lange Tradition von großartigen Unternehmern gibt, die sich ihrerseits bedingungslos für ihre Leute einsetzen, ihnen den bestmöglichen Rahmen bieten und einfach für sie da sind, ansprech- wie belastbar, die nebenbei die Kunst fördern, Stiftungen beleben und kurz ein paar Millionen Euro nach Haiti schicken, ohne dies bei Gottschalk breitzutreten, haben sich dagegen im Zentrum der Schwarzfilzmafia haufenweise Charaktere eingefunden, die auf Teufel komm raus shareholden, outsourcen, freistellen, ausleihen, notschlachten, Hauptsache, es macht Kasse und Spaß.

Und so lautete stets der stereotype Vorwurf der Arrivierten an die immer wieder einmal versammelten schwäbischen Wutbürger quer durch die letzten Jahrhunderte, dass es denen da unten ja nur ums Geld ginge, Neidkomplex eben und pekuniäre Eifersucht. Nein, schallt es von dort empört zurück, uns geht es doch um das Ideelle. Worauf die andern zu Recht antworteten, dass sie dafür nun wirklich nicht zuständig seien.

Die Konstellation, die in diesen Tagen durch S21 bereitet wird, ist in einer langen Reihe der gegenseitigen Entfremdung einzigartig. Zum ersten Male scheint es möglich, dass sich der alte Feudalismus im Kleid der CDU mit den Rebellen von einst, im Gewand der neuen Grünen, versöhnt und das historische Versprechen von 1789 eingelöst wird. So würden die Irrwege, Hesse und Hölderlin und die unbekannte Armee, doch noch am Ziel ankommen, in einer freien Republik, in der Geist und Ökonomie unter einem Dach leben und ein Alblamm geschlachtet wird zu Ehren des Allmächtigen.

Man darf uns nicht einfach so Bäume absägen

Beim Sender Phoenix, der dank Heiner Geißler wahre Quoten-Sternstunden erlebte, lief immer wieder einmal in den Tagungspausen ein höchst informativer und spannender S21-Dokumentarfilm. Ein Bild, eine Szene daraus ist mir in Erinnerung geblieben: Es ging um jene Nacht, als der wasserwerfende Staat, mit Motorsägen angereichert, im Schlossgarten aufkreuzte und damit begann, die an den Stämmen angeketteten S21-Gegner aller Altersklassen Stück für Stück zu entfernen und dann wie angekündigt Stück für Stück die insgesamt 289 Bäume abzusägen. Ich hörte diese schwäbische Stihl-Säge ins Baumfleisch rotieren und auch die Rufe der Menschen, aber die Kamera heftete sich auf das Gesicht einer älteren Halbhöhen-Dame, hübsch, ergraut, aber auch sexy wie Joan Baez bei ihrem letzten Auftritt in der Liederhalle. Also, diese Dame schaute in dem Moment auf diese Sägerei, dann öffnete sich ihr Mund ganz leicht, und jetzt kam da das pure Entsetzen, so wie bei einem Kind, das gerade vom Feuerreiter Wagner träumt. Nun war die Hand vor dem Mund, dann kamen die ersten Tränen, das Beben und Zittern und dann eine Wut, ihr Mund ganz weit geöffnet, und wenn man schon mal ein paar Stummfilme gesehen hat, wusste man als Betrachter: Hier geht eine Welt unter, hier verabschiedet sich wie bei Dante jede Hoffnung, es ist vorbei, das Jüngste Gericht hat entschieden, der Schlichter hat verschlafen. Raschel, patsch machte es im Hintergrund, und dumpf krachend fiel der Baum auf die Wiese. Dann begann der Krieg und zwar richtig, wie derzeit in Athen, Kairo und Tunis, eine Schlacht, und den Rest kennen wir ja nun. Und das Gesicht der Dame drückte aus: Für diesen Baum werdet ihr noch bezahlen! Alles durftet ihr tun – nur das nicht! Lügen, Zahlen fälschen, Wasser werfen und Pfeffer sprayen, gut, aber diesen Baum fällen – nein, jetzt habt ihr die Grenze überschritten.

Am Tag danach wurde einem in sämtlichen Blättern das Ausmaß der Tragik klargemacht: wie viel Feinstaub zum Beispiel eine Rotbuche bindet, wie viel Liter Sauerstoff sie produziert, addierte Blattflächen, Kühlungseffekte, globale Auswirkung, wie viel Ersatzjungbäume anfallen würden, CO_2-Tonnen, Wurzeldimensionen, Grünfläche pro Einwohner, Tabellen, Statistiken, Visionen des Grauens. Und Fragen wurden gestellt: Was sind das für Schwaben, die unsere gemeinsame Natur hinrichten, den Baumelgarten der Seele, Stätte der geistigen Erneuerung, Ruhe und Geborgenheit, das wahre bukolische Arkadien, Zwiesprache mit der Ewigkeit, der einzige Trost in einem heruntergekommenen Fürstenstaat ohne Herz und Kultur?

Für den wenig später gerufenen Schlichter wurde diese melancholische Chlorophyll-Tristesse natürlich zum Hit seiner Lösungsliste und zu einem gefundenen Fressen: Dann lassen wir halt die meisten Bäume in Gottes Namen stehen und ziehen dafür die tiefergelegte »Durchgangs-Global-High-Speed-Central-Station-S21 plus«-Nummer durch. Dann haben die Parkschützer ihr bissle Grün und wir unsere verdiente Ruhe.

Ein grandioser Coup und vermutlich auch der Schlüssel zur derzeitigen Bürgersruh à la Mörike. Denn mit Natur kriegt man jeden wahren Schwaben herum. Natur ist ab den ersten Kindheitstagen eine ernste Angelegenheit. Es werden schwarze und rote Beeren gesammelt für die Marmeladen, die Äpfel und Birnen werden abgeschüttelt für den Most und den Schnaps, der später am Abend den Gästen der Metzelsuppe die Zungen lockert. Es wird Rasen gemäht, Laub gerecht, es wird im Kleingarten gesät, als ob es kein Morgen gäbe, Maiglöckchen werden aus dem Wald geholt, und violett leuchtender Flieder wird geschnitten, der Waldmeister landet kurz nach der Ernte in den böhmischen Kristallglas-Bowlenschüsseln, und der ganze Herbst der Kindheit wird dominiert davon, dass man unter den bewundernden Blicken der Mädchen mit Holzknüppeln die Kastanien aus dem Geäst wirft, sie einsammelt und in Säcke füllt für die Förster und ihre Hirsche und so ein wenig Taschengeld erhält für die Eiswaffeln des Frühlings, die man mit ebenjenen Mädchen teilen wird.

Da das Heimische so qualvoll eng und klein war nach dem Krieg und viele Mütter zudem dem Putzwahn verfallen waren, um so in symbolischer Projektion die Spuren der Hitlerjahre zu beseitigen, und weil es in unseren Schulen so trostlos zuging, wie es Musil im »Törless« beschreibt, blieb einem die Natur als letztes zuverlässiges Refugium zum Atmen. Man darf auch nicht vergessen, dass sie eigentlich erst jetzt frei zugänglich war als vom Adel befreites Volkseigentum. Also wurde gewandert, als ob es dafür Geld gegeben hätte. Jeder Baum hatte vom schwäbischen Albverein so ein dreifarbiges Zeichen bekommen, welches dem geübten Wandersmann anzeigte, wohin der Hase läuft. Wir anderen liefen hinterher, um die 30 Menschen im malerischen Wochenendglück, Lieder singend, bei Sonne und bei Regen, schreckliche Lieder von Müllers Lust und schönem Westerwald und den Mühlen am rauschenden Bach. Für uns Jungs in den verhassten Kniebundhosen war das keine Freude. Wir hatten eben erst begonnen, neue Lieder zu üben, Folk-Balladen aus dem Land der Sieger auf der Schrammelgitarre, so dieses Kaliber, go out in your country, bis zum fernsten Horizont, entdeckt die Ströme, die Krater, die Canyons. Nehmt alles auf in eure Herzen und Seelen, before you go down. Das war jetzt angesagt und nicht die verlogene Romantik der

Nazis. Lowlands, Highlands, der Mississippi, die Rocky Mountains, das war Musik in unseren jungen Ohren, und zufällig stieß einer von uns wieder auf Grieshaber, der da sagte: »Industrialisierung, Akkumulation des Bodens, Nutzwert und Wirtschaftlichkeit bestimmen noch nicht das Leben.« Die Natur ist frei! Ein Bub darf schwärmen. Was gehen ihn Flurbereinigung an oder weitreichende Pläne, die mit Autostraßen die Schwäbische Alb in Geld umsetzen wollen? Im Grunde ist alles frei, was nicht Schule und Aufsicht ist. Wie jeden Montag bekam ich mit dem Religionslehrer Streit. »Bist du diesmal in der Kirche gewesen?« – »Die Natur ist meine Kirche.« Mit zwölf Jahren irgendwo gehört und nachgeplappert, bedeutete die Phrase nichts, sie ärgerte nur den guten Mann. So sprach uns der Alte aus dem Herzen.

Mit wir meine ich fünf Jungs und drei Mädchen aus unserer Klasse, die zusammenhielten und bei jeder Gelegenheit aus der Schule flohen, durch diese von der Eiszeit zurechtgeschliffene Alblandschaft zogen, mit Gitarren, saurem Remstalwein, Schiller, Hölderlin, Dylan und Cohen im Gepäck, vom Glück gesegnet, Nächte in den Wäldern verbringend, verrußt, verkommen, übernächtigt und verliebt, fern der Welt und nahe der Donau. Wir lebten dann in tiefster Vergangenheit, mehr Höhlenmenschen als Schüler einer 11b im dritten Stock gegenüber des Bahnhofs. Beim Blick über die Wacholderheiden nahm ich die Schafe wahr, die sich lautlos durchs Heidegras fraßen, und dann den Schäfer und dann seinen Hund, der die Ohren spitzte und mich und uns daran erinnerte, dass es Montag war, aber wir wenigstens um die Tortur des Dr. E. herumgekommen waren. Ähnlich wie bei Hesse und seinem Maulbronner Unterm-Rad-Blues retteten uns diese Momente das Leben und die Unschuld der Seele. Bei aller Qual, die uns das System Schwaben zufügte, fing uns doch dasselbe Mysterium wieder auf, und das Rettende nahte und trug mit sich aber auch schon neue Gefahren.

Das fiel mir ein, als ich die Tränen der älteren Dame sah beim Fall von Baum Nummer eins. Und im Grunde begann dieses ganze korrupte Tieferlegen ja schon 1781, als der Herzog Carl Eugen den Vater von Schiller, der sein Hofbotaniker war, damit beauftragte, alle auffindbaren wilden Orchideen aus der Uracher Gegend nach Hohenheim, also in die Schlossglashäuser, zu verpflanzen, als Partygag quasi, der sich bis nach Versailles herumsprechen sollte, auf dass dort dieser verfettete Ludwig XIV. vor Neid platze.

Vor etwa 50 000 Jahren lebten in den Höhlen des Lonetals ganz in der Nähe von Ulm unsere Vorfahren. Sie nutzten die Magistrale aus Zentralafrika über Ägypten und die Türkei und wanderten donauaufwärts direkt in die Schwäbische Alb. Was die dort alles machten, ist schwer oder leicht vorstellbar, allemal fand man vor Kurzem in der Vogelherdhöhle eine kleine Flöte aus Mammuthorn geschnitzt, das älteste Musikinstrument der Welt, Vorbild auch für all die Trillerpfeifen, die letztes Jahr in Stuttgart Tag für Tag Punkt 19 Uhr genutzt wurden, um sich Gehör zu verschaffen. Daran kann man erkennen, dass dieser Protest eine lange Vorgeschichte hat und vor allem auch einen langen Atem braucht, wenn er ein Ziel verfolgen sollte.

In den Sommerferien 1972, nach der mittelmäßig bestandenen mittleren Reife, hatten wir vier Jungs genau dort, vor der Höhle, unseren Zeltplatz aufgeschlagen. Einer spontanen Idee folgend, begannen wir damit, Bäume zu fällen, und in zwei, drei Tagen war das Floß fertig, ein prächtiges Stück mit einem Segel und einem kleinen Haus versehen gegen eventuelle Stürme und sonstige Widrigkeiten. Ein

Freund schleppte uns mit seinem Traktor ans Ufer der Donau, und unser Ziel war klar: das Schwarze Meer, das Delta, und niemand, keine Macht der Welt würde uns aufhalten. Bald nahmen wir Fahrt auf, und die vier Angeln lagen ruhig im grünen Fluss. Dann holte uns die Günzburger Wasserwacht ein, konfiszierte den kühnen Traum von der Weite und der Suche nach unserer Herkunft, unserer Heimat. Wir landeten in der Zelle eines Polizeiamts, Name, Adresse, Klassenlehrer, unterzeichneten die Anklage wegen Schwarzfischens, und dann lösten uns die Eltern aus. Was wir zu erzählen hatten, imponierte den drei Mädchen unserer Klasse mächtig, einfach Abhauen, Schwarzes Meer, Donnerwetter, ein Husarenstück wie aus einem Schillerdrama. Jeder echte Schwabe hat so einen Traum im Blut.

Er ist ein Erbgut. Er wurde geboren in den Stimmungen des Erstickens. Im Jahre 1935 beschrieb Blaise Cendrars, ein Schweizer zwar, aber irgendwie auch ein Schwabe, dieses vulkanische Gefühl so: »Ich war außer mir vor Ungeduld, dem Frühling nachzurennen, ihn einzufangen, ihn irgendwo zu entdecken, egal wo, nur … möglichst weit weg! Ich musste weg. Das war alles. Und dann eilte ich zum Bahnhof.«

Die Leichen sind zu tief im schwäbischen Jura-Moor verschlossen, als dass sie noch sinnvoll Auskunft geben könnten, warum es kaum machbar ist, in diesem Landstrich bei sich selbst anzukommen, herauszufinden, um wen genau es sich denn handelt, eine Ahnung von einer Identität zu bekommen, und einen Hinweis, was es denn überhaupt zu tun gibt hier, ausgerechnet hier, wo alle kleinen und großen Denker und Dichter unters Rad geraten und in der Regel erst 200 Jahre nach ihrem Tod gefeiert werden wie das alberne Sommermärchen des Bäckerbuben Klinsmann.

Im Jahre 2010 machten die Schwaben aller Steuerklassen darauf aufmerksam, dass sie dem Mythos der Globalisierung nicht mehr über den Weg trauen möchten. Zu spüren war auch, dass es keine Lust mehr gab auf Expertisen, die wieder ein Stück verlorene Heimat, ein Stück verratene Identität, ein Stück verschluckte Kindheit mit alternativlosen Sachzwängen erklärten. Das administrative Kommando »Tieferlegen« bedeutet aber, konkret wie symbolisch, dass alles wieder in dem altbekannten und wohlvertrauten Nichts versinken wird oder würde.

Heimat, zum Greifen nahe, trotz Stalingrad

Der Konflikt um S21 erweist sich nach langer Betrachtung als ein Stellvertreterkampf. Weder die Befürworter noch die Gegner kennen die wahren Motive ihres Handelns. Man behilft sich auf all den Seiten mit populistischen und marktgerechten Statements. Die diversen Industrien und Schreibtische schicken ihre politischen Zugpferde in die Arena, und die reden und fuchteln und bloggen und fischen im Trüben, weil alles trüb ist, trotz des konkreten Themas, und überall unzählige freie Radikale herumschwirren. Wenn man am Ende seiner Deutungshoheit bezüglich Schienen, Weichen, Tunnels und Hochgeschwindigkeitsmagistralen angekommen ist, muss man Rat bei älteren Herren suchen. Ernst Bloch, der am Ende seiner Lebensodyssee in Tübingen zum Schwaben wurde, hinterließ uns am Ende seines Buches »Prinzip Hoffnung« folgende Notiz:

»Der Mensch lebt noch überall in der Vorgeschichte, ja alles und jedes steht noch vor Erschaffung der Welt, als einer rechten. Die wirkliche Genesis ist nicht am Anfang, sondern am Ende, und sie beginnt erst anzufangen, wenn Gesellschaft und Dasein radikal werden, das heißt sich an der Wurzel fassen. Die Wurzel der Geschichte aber ist der arbeitende, schaffende, die Gegebenheiten umbildende und überholende Mensch. Hat er sich erfasst und das Seine ohne Entäußerung und Entfremdung in realer Demokratie begründet, so entsteht in der Welt etwas, das allen in die Kindheit scheint und worin noch niemand war: Heimat.«

Spätestens hier müsste Volker Kefer das milde Siddharta-Lächeln vergehen, denn das ist ein echter neohegelianischer Stresstest, und man kann nur hoffen, dass diese Worte eines Tages einen guten Lokführer finden.

S21 tangiert natürlich den Verlauf der schwäbischen Heimatgeschichte weit über Natur oder Romantik hinaus. Ein Jahrtausend lang gehörte der Grund und Boden dem Adel, und die darauf pflügenden Bauern zählten da eben dazu. Die später erscheinenden Pfarrhäuser nahmen oft den Rang einer Botschaft ein, autonome Fachwerkgehöfte, die gelegentlich Schutz gaben vor Kontrolle und Zensur. Unter dem Eindruck der Französischen Revolution riskierte das Bürgertum 1848 einen echten Aufstand und scheiterte. Das Vaterland blieb weiterhin Sache der Aristokratie und das Datum wurde zum Trauma der Ohnmächtigen. Spätestens hier erklärten die normalen Menschen ihre Heimat zur romantischen Idee, zu einer Stätte der Erinnerung und der Erbauung, für die man Eintritt zahlen muss. Viele Schwaben wanderten aus in jener Zeit, über die Donau nach Odessa oder in die Schlachthöfe von Chicago. Bismarck faltete 1871 Heimat und Vaterland begrifflich und emotional zusammen, und Hitler vollendete diesen monarchisch-wilhelminischen Amoklauf mithilfe der Vernichtung aller Heimaten. Unsere Nachkriegsväter versuchten, das Trauma zu kitten, in Form der Heimatfilme, der Heimatmusik, der Schlager, der Wanderlieder und dem Wir-Kitsch. Abgesehen davon, dass es da zwei deutsche Nationen gab, machten die Sechzigerjahre klar, dass es auch zwei westdeutsche Heimaten gab, die unversöhnlich erschienen: das alte Vaterland der Filbingers und Kiesingers und das neue der namenlosen Kinder. Die Ersteren waren in blindem Wahn stolz darauf, Deutsche zu sein, und die anderen schämten sich abgrundtief dafür, Teil dieser Bestie zu sein.

Anstatt zusammen an einem Modell zu arbeiten für eine lebenswerte Gegenwart, kehrten die Feuerreiter schon wieder um, das alte, knarrende Rad drehte sich weiter, und die unerlösten Teufel der Schwabenseele nahmen einem die Luft zum Atmen.

Unser Lateinlehrer Professor Gans, ein schöner Mann, ein Maximilian Schell auf Schwäbisch, konnte den »Faust« auswendig vortragen; nicht nur die Passagen über den Osterspaziergang und »The Best of Mephisto«, sondern den ganzen »Faust« von A bis Z. Er ging bei Rot über Ampeln. Er starrte schirmlos bei strömendem Regen in die schwarze Brühe der Brenz. Er sah dort auf der Oberfläche schreckliche Bilder aus dem Winter 1942, den er eingekesselt mit General Paulus in Stalingrad verbrachte. Mitten in seinen großartigen Ausführungen über Seneca schrie er plötzlich: »Deckung! Alle sofort in Deckung!« Während er das Geräusch von Maschinengewehrsalven nachmachte, warfen wir etwa 30 Schüler unsere Bänke um, die Schreibflächen gegen die Fenster hin positioniert, wie eine Art Schutzwall. »Deckung!«, schrie Gans und feuerte neue Salven über unsere Köpfe hinweg. Dann imitierte er russische Kommandos, stürzte sich selbst unter sein Lehrerpult, ballerte wild, schoss um sich und vermeldete Treffer. Noch eine Zischsalve folgte, und dann lagen wir Lateinschüler flach auf dem Boden, hielten uns die Ohren zu und zählten die Minuten. Offenbar war dem Feind die Munition ausgegangen. Das Gesicht von Herrn Gans war jetzt blutrot angelaufen und sein Mund von Schaumblasen bedeckt. »Aus, vorbei, rührt euch!« Dann kehrte sein Blick langsam zurück in die Gegenwart. Er schüttelte seinen Kopf, brachte sein Sakko wieder in Form, brachte seine Löwenmähne halbwegs in zivile Form, beriet uns fachmännisch, wie wir am besten unsere Bänke wieder zurechtrücken könnten, nickte zufrieden, erkundigte sich dann bei mir, wo man denn stehengeblieben sei, und dann ging es weiter mit Seneca. Es gab keine Zeit zu verlieren, das Abitur stand an, und so übersetzte ich den Satz, den er kurz vor dem Überfall auf die Tafel geschrieben hatte: »Daher muss man sich zur Freiheit durchringen. Diese erreicht man durch nichts anderes als durch Gleichgültigkeit gegen das Schicksal.«

Schlichtungen und der Hang zur ewigen Atempause

Wäre damals eine halbwegs hübsche Frau zu uns auf den Pausenhof gekommen und hätte gefragt, ob jemand Lust habe, an einem Bombenanschlag auf die US-Kaserne in Schwäbisch Gmünd teilzunehmen, dann hätte sich Dr. Gans seinen Seneca allein vorlesen können und Dr. E. seinen Spaß damit haben können, den eigenen Kopf gegen die Tafel zu donnern. Die halbe Klasse wäre in den lilafarbenen Porsche von Baader und Ensslin eingestiegen.

Es war damals Menschen wie Böll und Grass und den vielen anonymen Frauen und Männern, von Mappus als Fünfsterne-Protestler verspottet, zu verdanken, dass unsere transgenerationelle Wutpower umgelenkt wurde in Einsicht, in Verstehen, in Perspektivenwechsel und den vagen Glauben an eine bessere, offenere und freudvollere Welt. Man mag den arrivierten Realo-Grünen ihre unerträgliche Eitelkeit und ihr armseliges humanadliges Haute-Couture-Gehabe vorhalten; aber sie haben es damals wenigstens mit dem Votum einer kriegsbefreiten Generation geschafft, den Bürgerkrieg fürs Erste vom Programm zu streichen und eine marmorne Tafel in den Garten mit den alten Obstbäumen zu stellen, an dem sie alle Platz finden, Lehrer und Schüler, Dichter und Monteure, Biedermänner und Brandstifter, Lokführer und Denkmalschützer. Es wurde damit begonnen, die Logik des Hassens zu durchbrechen, und das war ein großartiger Anfang.

Württemberg steht in ein paar Wochen nicht vor der Wahl zwischen S21 plus und Hugo Chávez – was eigentlich schade ist. Allerdings schaut ganz Deutschland auf diese Wahl, und vermutlich kommt der Autor der »New York Times« auch noch mal vorbei. Und man darf gespannt sein, wie diese neu entdeckten, exklusiv abgeholten, vollemanzipierten Augenhöhe-Bürger auf das Befriedungsklima reagieren, welches ihnen im Moment geboten wird vom Kartell der Politik, Wirtschaft und Schwabenpresse. Es steht im März eine echte Wahl ins Haus, auch weil alle beteiligten Parteien in hohem Maß lädiert daherkommen.

Am 30. November 2010 verkündete Heiner Geißler also das Ergebnis der mehrwöchigen Anhörung. Er machte das auf seine Art, und Uli Hoeneß hätte es anders gemacht und Reich-Ranicki auch. Aber nun erfüllte eben Heiner Geißler dieses Hochamt als Dorfrichter Adam und wohnte, halb Dalai-Lama und halb Henry Miller und stets sehr gnädig, dieser durch und durch komischen Schlacht der fleißigen Folienschreiber, Karriereschleimer, Konferenz- und Powerpoint-Profis bei.

Er hatte die halbwegs erträgliche Last zu schultern, neutral zu wirken, und er meisterte das, als ob ihm Lee Strasberg Extrastunden gegeben hätte. Zunächst ging es darum, beiden Teams den Wind aus den Segeln zu nehmen, im Zuge einer Friedenspflicht diesen kleinen Baustopp mit den Weihnachtsferien so geschickt zu verknüpfen, dass den Gegnern des Projekts die Laune auf ihre »lotta continua« der permanenten Revolution ordentlich verging. Neun ausgiebige Sessions, mehr als 80 Stunden lang, führten einem Millionenpublikum vor Augen, dass es selbst ausgewiesenen Baulaien, verkehrspolitischen Luschen und empörtbetroffenen Naturschützern gelingen kann, in ein paar Monaten eine gescheite Alternative zu dem gespenstischen Bahn-&Regierungskonstrukt aufzustellen. Dies wurde geleistet, es war mitunter so spannend wie öde, manchmal rührend und auch inspirierend und hübsch aufbereitet für ein Spiel, dessen Ausgang von Beginn an leider feststehen musste.

Das Anhörungsverfahren hatte, so Heiner Geißler, »regionale und überregionale Gründe und ist nur zu verstehen auf dem Hintergrund einer massiven Vertrauenskrise der Politik im Allgemeinen und einer speziellen, ebenfalls massiven Kritik an der Art und Weise des Zustandekommens und der Durchführung des Projekts S21«.

Massiv und speziell – das trifft alle Nägel auf alle Köpfe. Allabendlich wurde dann die neu entdeckte repräsentative Demokratie gelobt und gefeiert und hoch und heilig versichert, dass in Zukunft alles besser werden würde, so wie in der Schweiz. Als ob es die Schweiz wäre, an der wir uns ab jetzt zu orientieren haben. Diese Schweiz, über die Jean Ziegler (76), Sonderbeauftragter der UN, sagt: »Ich liebe mein Land. Ich habe nur etwas gegen diese verlogene Herrschaftsschicht. Ihr Rohstoff ist das fremde Geld: Blutgeld, Fluchtgeld. Ihr Deutsche glaubt, wir seien brave Bergler, aber unsere Führung ist unfassbar selbstherrlich, vielleicht die arroganteste in ganz Europa mit derselben Struktur seit Jahrhunderten.«

Heiner Geißler klappte am Ende seines Schlichtungsspruchs den Leitz-Ordner zu und löste bei dem dauerenthemmten DB-Logistiker Volker Kefer einen weiteren Schmunzelanfall aus: »Ein Bürgerentscheid ist rechtlich unzulässig. Bei einer bloßen Bürgerbefragung hätte das Ergebnis keinerlei Auswirkungen auf den Fortgang des Projekts. Die Deutsche Bahn ist nicht verpflichtet, einem solchen Votum zu folgen.«

Und das war es dann auch. Ruhe auf allen Sitzen. Nur den Vertretern der Grünen war anzumerken, dass sie sich bereits mit dem zukünftigen Verkehrsministerium beschäftigten. Bloß jetzt kein falsches Wort, drückten ihre Mienen aus. Im Großen und Ganzen wirkte der Schlusssatz so, als ob der Bürgermeister von San Francisco im November 1967 verkündet hätte, dass hiermit der »Summer of Love« offiziell beendet sei, die Party vorbei sei und sich Hendrix, Japlin und die Jungs von Grateful Dead nun auch gerne rasch verpissen könnten, es war eine schöne Zeit mit euch, herzlichen Dank für all die tolle Musik, aber jetzt müssen wir leider Gottes diese Bäume absägen und diesen Bahnhof tieferlegen, und dazu benötigen wir eure Hilfe nicht.

Bevor das vergnügte Quartett Grube, Kefer, Mappus und Gönner im vorweihnachtlichen Trubel verschwand, gab ihnen der Schlichter, von massivem Stirnrunzeln unterstützt, noch den Auftrag, in Zukunft den Bürger als Menschen zu sehen, als Mitmenschen sogar. Das klang in etwa so, wie wenn ein gütiger Richter einem eben mit Bewährung davongekommenen Bankräuber nahelegt, sich beim nächsten Überfall ein bisschen hübscher anzuziehen, also irgendwas von Uli Knecht oder Hugo Boss, aber nicht wieder diese Strumpfmasken aus dem Schnäppchenmarkt. Und ansonsten halt, ein frohes Fest der Besinnung, bis bald. Seither wirkt dieses S21-Spektakel aus der Ferne betrachtet wie ein grandioses Theaterstück, das aber momentan wegen Erkrankung sämtlicher Hauptdarsteller vom Spielplan genommen wurde. Den Neckar-Regenten kommt das natürlich entgegen, denn sie wissen aus langer Erfahrung, dass sich ein schwäbisches Rindvieh am Tag der Schlachtung instinktiv für den Metzger mit dem besten Ruf und der längsten Tradition entscheidet.

Weiße Weihnachten und unschuldige Lämmer

Am 26. Dezember 2010, auf den Tag genau 102 Jahre nachdem der Schwergewichtsboxer Jack Johnson in der Rushcutters's Bay in Australien den weißen Kanadier Tommy Burns besiegte und damit der erste afroamerikanische Weltmeister wurde, nahm ich einen ICE von München nach Stuttgart. Es war ein Wintertag wie aus einem alten Kinderbuch, schneeweiße Puderlandschaft überall und Glück im Herzen, und ab Geislingen schaute eben wieder alles wie hypnotisiert aus den Waggonfenstern auf dieses Wunder, so wie die Bankangestellten aus Cascais über ihren Atlantik blicken.

Das Eingerumpel nach Stuttgart war so wie immer. Nur man empfindet es eben anders unter dem Eindruck der nahenden Mega-Realisierung. Wehmut beschleicht das romantische Gemüt. Ich vertrat mir ein wenig die Füße und schaute mir den alten Bahnhof nochmals an, in durchaus musealer Stimmung, wissend, dass hier bald eine Global City entstehen wird und kein Stein auf dem anderen bleiben wird, Bullaugen, Stahl und Glas und elektrisch aufgeladene industrielle Erdwärme. Ich tröstete mich mit dem Aroma der Pariser Metro, welches ich auf Knopfdruck erzeugen kann, um meine Nerven zu beruhigen.

Bei den Leuten in der Bonatz-Kathedrale war die Luft aber komplett raus. Ob Zugpersonal, Imbissbetreiber, Zeitungsverkäufer, Kneipenbesucher, Taxifahrer – die konnten das Wort S21 nicht mehr hören. Die meisten waren bis vor Kurzem noch entschiedene Gegner, aber nun herrschten die reine Ermattung und Resignation. Die alte schwäbische Pädagogik hatte gesiegt, die Kuriere des Herzogs hatten einen great job getan. Baut den Tiefbahnhof, aber schnell und günstig und so, dass auch für mich was dabei herausschaut. Um diese Meinungswende zu rechtfertigen, schimpften sie über die Staus, die ständigen Absperrungen, das kindische Trillergepfeife, die reingeschmeckten Berufsautonomen, die schwarzen Blöcke aus Berlin zum Beispiel, und den schlechten Ruf, den man seither habe. »Wutbürger. Wutbürger? Sehe ich aus wie ein Wutbürger?«, fragte Gabi vom Wurststand. »Alles, was recht ist, aber es muss mal wieder Ruhe einkehren«, meinte Gabis Freund und spritzte scharfen Senf knapp an meinem Weckle vorbei.

Sie wirkten so ein wenig wie zerknirschte Kinder nach einer Mordsparty in Abwesenheit der Eltern, die jetzt die Scherben zusammenkehren müssen und sich bei den Nachbarn zu entschuldigen haben für das ganze Getöse und dem Versprechen, dass das nie wieder vorkommt.

Irgendwo joggte da auch eine Gruppe gut aussehender, athletischer Jungschwaben um den Bahnhof herum und feierte mit T-Shirts und Baseballmützen den Sieg der Befürworter. Eine der parteieigenen Stuttgarter Zeitungen wusste zu berichten, dass von anfangs 62 Prozent Gegnern nur noch 38 Prozent übrig geblieben wären. Die Verkäuferin der Parfümboutique fluchte, nachdem ich den halben Hermès-Stand leergekauft hatte, über die Bewohner der Halbhöhe, Killesberg, Weinsteige, Bopserschickis, diese verlogene Brut, Salonlinke, Berufserben, die einen dicken Daimler haben und diesen hinten mit all den Anti-S21-Aufklebern vollkleben, Wichtigmacher, verlogene Bande, eine Sauerei – und sie sagte das so, als ob in Württemberg jeder Daimler-Fahrer alternativlos und automatisch für S21 sein muss.

Ich dachte mir, dass so eine monothematische Nummer, diese endlos durchgekauten Fakten, Interviews, Hearings, Talk-ins, Blogs, Foren mit den immer gleichen Wichtigmachern auf beiden oder allen Seiten sich nun mal totläuft, weil es langweilt, ermüdet und verärgert, selbst wenn man mit ganzer Seele dabei war oder immer noch ist. Und wenn jedes, aber wirklich jedes Telefonat mit einem Oben- oder Untenbleiben endet, dann ist der Witz durch, und selbst der wütendste Wutbürger bringt dann vor der Fasnet sein Kostüm zur Reinigung.

Die reicheren Schwaben werden ohnehin den kommenden 30 Baujahren entfliehen und ans Meer ziehen, Korsika, Miami, Pot Patsch. Die älteren Schwaben erleben das munizipale Tiefstapeln rein biologisch nicht mehr, und die ärmeren Schwaben werden letztlich ganz happy sein, wenn sie da unten im Talkessel oder entlang der Magistrale zwischen Wladiwostok, der Geislinger Steige und Gibraltar einen tollen Job kriegen, im Tunnel und beim Weichenstellen.

Aber, wie gesagt, irgendwie war die Luft raus. Was würde bis zur Wahl passieren? Es ist der CDU und FDP zuzutrauen, dass sie mit dem Spätzlefilz aus Wirtschaft, VfB-Freundeskreis und vor allem der gleichgeschalteten Schwabenmedien ihre abtrünnigen Leute bis März erneut einsammelt und mit der Beschwörung eines bolschewistischen Putsches wieder ihre Stimmen einkassiert. Das wäre auch die logische Konsequenz angesichts der Struktur der Schwabenseele. Reue und Scham würden einkehren und in die pietistische Selbstbefragung münden: »Wie konnten wir das unseren Fürsten nur antun?« Die SPD wird versuchen, auf 20 Prozent der Stimmen zu kommen, und sich zu dem Thema S21 nicht mehr äußern. Ob die kollektive Wut in irgendeiner Form mit einem Erfolg belohnt wird, hängt von den Grünen ab, die durchaus Wahlsieger werden könnten. Nur: Das sind in Württemberg nicht die Grünen, die man kennt, fürchtet oder verehrt. Es sind Gartenzwerge. Als Boris Palmer, noch Tübinger Obermeistermeister, am letzten Schlichtungstag der Runde fernblieb und stattdessen seinen einschläfernden Kollegen Winfried Kretschmann vorschickte, wurde klar, dass der Poker um zukünftige Ministerien längst begonnen hatte. Seit Wochen streiten CDU und Grüne darum, wer eigentlich konservativer sei und ob im Abreißen oder im Bewahren ein Zeichen für konservative Klasse abzulesen wäre. Schwabens Grüne sind Realo-Flügel pur, und Württemberg ist ihre Heimat. Fritz Kuhn, Rezzo Schlauch, Cem Özdemir, Reinhard Bütikofer oder Oswald Metzger – alles Grüne, die gesinnungsmäßig längst in der Mitte der CDU angekommen sind und die demzufolge ohne Skrupel und mit dem Okay von Trittin und Claudia Roth noch im März mit den Christdemokraten koalieren werden. S21 ist für die Grünen zu einem Verhandlungsgegenstand geworden für persönliche Karrieren und strategische Ziele. Das ist bitter, aber wahr. Und die Bahn wird die Paralyse nach dem Geißler-Spruch dazu nutzen, massenweise Aufträge an Land zu ziehen, um einen Ausstieg unbezahlbar zu gestalten. Und der normale Schwabe von der Straße? Hat er seine gekränkte Seele etwas geheilt durch die Montagsdemos? Will er sich nochmals einen Faktencheck antun? Wird er wieder unten im Talkessel sein, wenn die nächsten Bonatz-Flügel gestutzt werden und die Rotbuchen mitsamt den Käfern in den Schredder kommen? Es wäre ihm durchaus zuzutrauen, denn die Feindbilder sind und bleiben vollständig erhalten und werden ihre Ansichten um keinen Strich ändern und auch nicht ihr Überlegenheitsgebaren.

Kurz bevor es dunkel wurde, schaute ich mir die teilweise überaus witzigen Plakate und Cartoons und Zeichnungen und Kommentare an, die am Zaun hingen, dort, wo der Nordflügel wie ein ruinöses Riesengebiss herumstand. Ich traf Kollegen von spanischen und finnischen Zeitungen, die da Notizen machten und fotografierten und die Einheimischen fragten, wie das weitergeht, ob man siegen wird gegen die Arroganz der Macht, ob man glaubt an das Ziel, denn das wäre wichtig, ein Impuls für ganz Europa, für Nordafrika, für die ganze Welt, die ja kollabiert, wenn man nicht reagiert, und zwar spätestens bis Ende 2012, siehe Mayakalender.

Nun ja, ich trat an einen Stand nahe des Bahnhofeingangs, wo alles so war, wie es immer so ist bei Standen, wenn geschäftstüchtige Alternative einen Holzverhau in die Welt setzen – ob bei der Startbahn-West, beim scheinheiligen Münchener Tollwood oder damals in Schwäbisch Gmünd, gegen die Pershings. Im Hintergrund eierte Rockmusik aus einem Flohmarkt-Bluster, und die minus 22 Grad setzten dem alten Tape mächtig zu, es rumpelte wie die Waggons der DB beim Befahren des Kopfbahnhofs. Es roch nach Sandelholz, und es stapelten sich Infos und Papers und bewusst auf Nicht-Hochglanz angelegte Broschüren und Anleitungen zum »An-den-Baum-Ketten-ohne-Trouble« nebst einer Visitenkarte eines auf An-den-Baum-Ketten spezialisierten Rechtsanwalts. Dann wollte eine ältere Dame einen Juchtenkäfer, falls ich das richtig verstanden hatte. Dieser Käfer hat mit S21 deswegen zu tun, dass er, sollten die knapp 300 Bäume weggesägt werden, vom Aussterben bedroht sein würde. Da aber auch die von Mörike beeinflussten Gut-Schwaben nicht blöde sind, haben sie diesen Käfer quasi als Symbol und Gesinnungsbeweis in Form gegossen und bieten ihn in verschiedenen Größen an als Mitbringsel oder Briefbeschwerer. Die Verkäuferin, hennarötlich und mit jenen leicht beleidigten Southern-Belle-Lippen, nickte zweifelnd und rief ihrem Standpartner zu, ob es denn noch Juchenkäfer geben täte. Nur noch im Zweierpack, so die Antwort, denn die Einzelkäfer wären total ausverkauft. »Im Zweierpack nur noch«, gab Henna den Stand der Dinge an die Kundin weiter. »Au«, sagte die enttäuscht und wollte nach kurzer Bedenkzeit wissen, ob das dann doppelt so teuer wäre wie ein Einzelkäfer. »16 Euro«, bellte der Mann, der sich weiter hinten in Ofennähe aufhielt, wo der Rekorder ein wirklich uraltes Dylan-Lied in die Mühle nahm. »16 Euro«, wiederholte die Frontfrau. »16 Euro?«, meinte dann die Kundin und fügte resignierend hinzu: »Ha ja, wenn ich schon mal da bin«, und überreichte einen 20-Euro-Schein. Dafür gab es also den Doppelkäfer, den sie in ihren Jutebeutel steckte. Nach einer Minute stand sie immer noch da und wurde gefragt, ob sie sonst noch etwas möchte. »Ja«, sagte sie schwach, »halt meine vier Euro Rausgeld.« Darauf deutete Henna auf ein Schild, auf dem stand, dass jede Form von Rausgeld automatisch als Spende gilt. »Ach so«, sagte die Dame, »dann weiß ich das jetzt auch, vielen Dank«, und begab sich in ins Innere des Bonatz-Baus, wo aus allen Lautsprechern die heutigen Verspätungen aufgezählt wurden, »Abolodscheiß for inkonviniensch …«

Ich steckte eine Münze in den Pappkarton für Spenden und musste laut loslachen, worauf man mich strafend musterte. Es war ein ganz frühes Dylan-Lied, hatte mindestens ein halbes Jahrhundert auf dem Buckel, und ich spitzte die Ohren: »Es fährt ein gepanzerter Zug durchs Land, er rollt schon seit vielen Jahren, was ihn antreibt, ist keine Kohle, sondern Angst und blanker Hass. Wer je sein Rattern gehört und seinen blutroten Schatten gesehn, der kennt auch meinen Namen und wird meinen Song verstehn …«

Nun kann jeder mit Recht sagen, diese Sache hat der Verfasser an den Haaren herbeigezogen, als plumpen Einfall, um irgendwie heil aus dieser dahinmäandernden Geschichte herauszukommen. Klar, Zug, Kohle, Amok, Lieder, Wut, das passt ja wie bestellt und entledigt ihn der Sorgfalt, ein gewissenhaftes Resümee zu ziehen. Der Nachtzug nach München wurde aufgerufen, und ich griff nach meiner Tasche und hörte noch beim Weggehen: »Hat der Hass, der in ihm gärt und kocht, dir je zu denken gegeben? Hast du je seine Passagiere, diese Wahnsinnsgestalten, gesehen? Ist dir je bewusst geworden, dass du ihn stoppen musst? Dann kennst du meinen Namen und wirst meinen Song verstehn …«

Wolf Reiser, im Januar 2011

Quellenverzeichnis

Seite 20: Interview mit Markus Resch in: »Südwest-umschau« vom 11. Dezember 2010, S. 6

Seite 168f.: Ernst Bloch, Das Prinzip Hoffnung. © Suhrkamp Verlag Frankfurt am Main 1974

Seite 178: Interview mit Jean Ziegler in: »Die Zeit« vom 30. Dezember 2010, S. 16/17

Literatur

Cendrars, Blaise: *Abhauen*, Lenos, Basel 1987

Dylan, Bob: *Lyrics – Songtexte 1962–1985*, übersetzt von Carl Weissner, Zweitausendeins, Frankfurt 1987

Grieshaber, HAP: *Beschwörung einer Landschaft* in: Kleine Bettlektüre für alle, die die Schwäbische Alb lieben und erwandern, Scherz, Bern 1996

Hesse, Hermann: *Klein und Wagner*. Suhrkamp, Frankfurt 1973

Hesse, Hermann: *Steppenwolf*. Suhrkamp, Frankfurt 2007

Hesse, Hermann: *Unterm Rad*. Suhrkamp, Frankfurt 2007

Hölderlin, Friedrich: *Die Gedichte*. Reclam, Ditzingen 2003

Hölderlin, Friedrich: *Hyperion*. Reclam, Ditzingen 2005

Neuzner, Bernd / Brandstätter, Horst: *Wagner. Lehrer, Dichter, Massenmörder.* Eichborn, Frankfurt 1996

Schiller, Friedrich von: *Kabale und Liebe*. Reclam, Ditzingen 1993

Schiller, Friedrich von: *Die Räuber*. Fischer, Frankfurt 2005

Schiller, Friedrich von: *Wilhelm Tell*. Reclam, Ditzingen 2008

Schorlau, Wolfgang (Hrsg.): *Stuttgart 21 – die Argumente*. Kiepenheuer & Witsch, Köln 2010

Troll, Thaddäus: *Deutschland, deine Schwaben im neuen Anzügle*. Silberburg, Tübingen 2007

Warneken, Bernd Jürgen: *Schubart: Der unbürgerliche Bürger*. Eichborn, Frankfurt 2009